理解
·
轻度 现实
PSYCHOLOGY
·
困惑

请 爱我
本来的 样子

阅读障碍儿童优势赋能计划

[美]本·福斯
（Ben Foss）著

飞米力 译

中国纺织出版社有限公司

赞誉

刘丽

北京师范大学认知神经科学与学习国家重点实验室教授

我国有上千万儿童和青少年受到阅读障碍的困扰，如何帮助阅读障碍个体走向成功，获得自信幸福的人生？本书打破传统的聚焦弱势的"障碍观"，转而聚焦阅读障碍群体的"优势"，独辟蹊径地给出了阅读障碍的成功法则和优势赋能计划，读来令人耳目一新。本书不仅思想性强，而且具体实用。我推荐给关心读困群体的家长、教师和专业研究者阅读。

许倩

深圳市学习困难关爱协会创始人
心理咨询师

这是一本关于阅读障碍知识全面启蒙、支持阅读障碍儿童的行动计划，是关注读困领域的教育工作者、心理工作者和社会工作者的工作手册，更是每一位读困儿童家长的养育指南——当这本书的中译本经由一个读困家长社群合力完成并最终在多方力量支持下付梓，我认为它是中国读困关爱事业的里程碑。

张旭

北京联合大学特殊教育学院特教系副教授

不夸张地说，从事学习障碍领域研究二十年来，这是我最想推荐给大众阅读的一本书。如果狩猎时代有脑扫描技术，一定会发现有些人是"狩猎障碍"人群。阅读障碍也一样，它是由我们人群中大约 5%~10% 的人所具有的大脑生理特质、现代文明和社会环境相互交织而成的。这本书的作者以亲历者的视角，告诉我们阅读障碍不是疾病或问题，不需要"被治愈"和"被解决"，懂得、接纳、支持、成长——就会带给这些孩子无限可能的未来！相信不管您是阅读障碍者或家长、教育工作者，甚或普通人群，都能从本书获益良多，愿我们能爱阅读障碍孩子本来的样子，爱每个人本来的样子，爱这个多元世界本来的样子！

推荐序

欢迎来到阅读障碍国

文／郑 枫

飞米力主理人

　　大概一年多前，在飞米力的一场直播中，曾经在美国生活多年、家有阅读障碍孩子的妈妈 H，跟我说到，因为孩子的阅读障碍问题，他们曾经生活在痛苦及焦虑的迷雾中多年，导致自己心力交瘁、身体抱恙，求助于中医调理身体，也带着孩子让医生看了看。结果医生摸摸孩子的后背，说"孩子年纪这么小，怎么满背都是泪水"，听到此言的她，更是泪流满面。

这种痛、这种焦灼，是很多读困①家长的共同感受。因为阅读阅障对大部分中国家长来说都极其陌生。我们不知道它到底是什么，只知道面前的孩子，作业写不完、成绩无比差，随之而来的是，孩子越来越没自信，家长越来越失控，亲子关系越来越紧绷……

所幸，H后来有了极大的改变，而启发并改变了她和孩子的，只是一本书，也正是我们这本书。对她来说，这本书就是帮助当时她和孩子擦拭泪水的温柔毛巾，是他们迷雾生活中，一道突然而至的福光。她说："这本书给我最大的启示是，接纳总比改变好。任何事情，都需要做到先接纳，后改变。"心态扭转之后的她，和孩子一起走出迷雾，正迎着光大步向前走。

H的巨变，让我们看到了这本书的神奇力量。而我们迫切地想把这种力量传递给每一个读困儿童的家长。它应该是国内第一本，针对阅读障碍的、可供家长作为陪伴指南的好书。有多好？好到有可能就此改变你和孩子的人生。它用三部分内容，清晰明了、有理有据地告诉你，如何认清现状、如何为孩子赋能、最终如何成就未来。

我自己也从中得到了巨大的共鸣和收获。

大概五年前，我的孩子墨墨，在他小学四年级时，通过专业的评估，确认有阅读障碍。拿到评估报告时，我如释重负，过去几年对于墨墨在学习上，那些令人费解的"笨和不努力"的表现，终于有了一个明确解释。就像大导演斯皮尔伯格在60岁确认为阅读障碍时，所发出的感慨，他说这次确认像是"巨大谜团的最后一块拼图，我一直被蒙在鼓里"。我也为孩子找到那块拼图了。

---

① Dyslexia 一词在学术上翻译为阅读障碍或读写障碍。但在大众媒体上，常用"读困"来称呼这一群体。所以本书中会根据上下文的情况，用"读困"代替"阅读障碍"。

我在第一时间接受了这个事实，完全不当它是一种疾病或缺陷，而是坚定地认为，我的孩子将身怀绝技闯江湖——这不，我把他作为核心主角，写进了我的长篇小说《奇妙之境》中，在书中，这个读困孩子还拯救了全世界全人类呢。这种反应跟我个人性格以及生活经历有很大的关系，一言两语说不清。但总之，我百分之两百地接纳了，并且很快做出了相应的动作。首先，我拿着墨墨的评估报告去到老师办公室，不仅没有因为"障碍"而感到羞辱，反而非常理直气壮地展示给老师们看——仿佛那是一份极高的荣誉。我的目的是告诉老师们，我的孩子不是笨也不是懒，他智商高于常人，只是有阅读障碍，请原谅他的成绩不佳。

我的这种反应，无意中符合了书中作者本·福斯提到的面对并解决阅读障碍的第一基本法则，"感到自豪：给孩子创造最大程度上的安全感……"

半年后，我做出了更大的决定。带着天生的自然迷、博物控墨墨离开超卷的深圳，到了大理生活读书。在这里，他在相对低压的状态下，保证了基础学科知识摄入，并且爱上了数理化；同时，他得以全身心投入山野自然中，像一只雏鹰般，勃勃生长。这是在相对时间段内，更适合他成长的土壤，可以辅助他发挥优势，发展自己真正喜欢的爱好。

这一做法则符合了本·福斯提及的第二基本法则，"独立学习：使用最适合孩子的学习形式……"

与此同时，在三年前，我把运作了一段时间的亲子小平台"飞米力"，从"泛亲子"领域垂直聚焦到了阅读障碍上来，开始用各种方式，面向大众做阅读障碍的科普。在中国，读困家庭数千万，但对阅读障碍的认知却极其匮乏。不仅是读困家庭需要科普，整个社会，乃至整个国家，都需要了解何为"阅读障碍"、如何陪伴读困孩子。这也成了小小的飞米力，大大的、长久的使命。

在这个过程中，我们慢慢团结了一批读困家长，组成了一个有爱的社群。在两个微信群中，家长们时常分享孩子的种种、生活的种种，有诉苦有乐享、有疗愈有争论。一些历尽艰辛，已经走出泥沼的妈妈们总能用她们"过来人"的身份，给大家及时的帮助和支持，比如，我们读困圈著名的妈妈，纪录片《我不是笨小孩》中的校校妈，极好地发挥了榜样的力量。

而这正是本·福斯列举的第三基本法则，"建立社群：寻找同你有相似经历的家长和阅读障碍者，根据共同的经历形成社群"。

在这个社群的基础上，我们一直持续在做更多的事情，比如，抚慰读困家长心理的"绿洲小栈陪伴营"，由飞米力总顾问、心理咨询师、资深读困人士璐璐老师主导；帮助读困孩子学习的英语朗读营，由心理学博士、阅读障碍研究专家康翠萍带领，她使用的教学方式刚好类似本书中提到的奥顿 - 吉林汉姆法 (Orton-Gillingham, OG)；由我主持的飞米力直播，持续邀请读困相关的人士，分享关于阅读障碍的种种……

而这本书的诞生，也来自飞米力社群。去年，在璐璐老师的强力推动下，在社群内部，我们招募并组织了一个翻译志愿者小组，开始翻译这本书，主要译者要么是读困家长，要么是读困人士。她们都非常热心用心且不计报酬，在书的最后，我们将一一致谢。最为奇妙的是，我们的核心译者之一王羽，作为读困家长，一开始，她只是志愿者，但也正是因为参与翻译本书，她换了份工作，未来将全心服务于读困群体，成为这本书名正言顺的编辑，全力推进本书的出版工作。无意中，本书可能成就了她的另一番事业，也将成就更多阅障孩子的成长。

本·福斯提到的第四基本法则，"留下遗产：通过努力改变学校、工作场所或其他能影响政策和文化的机构，使其他的阅读障碍者在未来过得更轻松"。这不正是飞米力持续努力做的事吗？

在书中，总是不时出现一些语句，直戳我这个读困家长的心尖尖，比如，他说：

"阅读障碍并没有治愈的方法，因为它不是疾病！"

"阅读障碍本身既不是诅咒也不是礼物，它只是一个特质。"

"它是一种将伴随一生的特质，需要将它融入人们的整个生存方式之中。"

"我不需要像其他人那样必须通过阅读来获得成功。"

"一旦掌握了一些简单的'成功法则'，他们就可以做任何他们想做的事情。"

……

你看，这本书对于读困孩子、读困家长来说，不仅是陪伴指南，还是疗愈之书啊。本·福斯作为一位事业成功的读困人士，他既是经历者又是研究者，说他是世界上最了解读困群体的人士之一，一点都不为过。读困群体切肤的苦与乐，他都懂！懂而论述之，才能令人信服。

如果说，之前我们做的小事，主要都在社群内部发生，那么，他的这本书，我希望能走出社群，去到更多的读困家庭中，去到各个学校、培训机构中，去到校长、各科老师手里……帮助读困孩子的成长，不是家长单一的责任，是整个社会的责任。

最后，容我再啰嗦一句，当您打开这本书时，我们将向您发出诚挚的邀请"欢迎来到阅读障碍国"。在这个神奇的国度，一旦您或您的孩子放下成见和焦虑，安心大胆走进来，将会收获大大的惊喜！

推荐序

接纳是突破的开始

文 / 王久菊
北京大学第六医院

很荣幸能为《请爱我本来的样子》这本书写序，也非常开心能够看到这样一本通俗易懂、让阅读障碍充满希望和力量的科普读物。

全民阅读时代已经来临，"养成阅读习惯，快乐阅读，健康成长"是每位家长和老师的殷切希望，而阅读障碍者却是在阅读早期（识字阶段）就存在困难的群体。在医院，我听过很多家长描述孩子的各种"奇怪"现象，也见到过家长们在孩子被确诊时的复杂表情：找到答案后的释然、最后一丝侥幸心理破灭后的失落、对孩子的满眼歉意，有的家长甚至红了眼圈或当场泪流满面……心情平静之后，家长就会问接下来我们应该怎么办？现在这本书从了解阅读障碍、给阅读障碍赋能、改变未来等方面，可以给予充分的回答。

和家长的困难比起来，更让人担心的是旁边立着的不知所措或假装毫不在乎的孩子，他们可能第一次听说阅读障碍，不知道是多重的问题，只知道自己有"病"，觉得自己不如别人。病耻感，一直是医疗卫生领域的主要问题。就像抑郁只是情绪的一场"感冒"，阅读障碍也只是在阅读的路上被绊了一脚，谁都有可能会遇到，只是概率问题。如果不幸遇上阅读障碍，我们应该怎么看待这个问题？理解和接纳是让他们消除病耻感的第一步，尤其对孩子而言，他们非常在意家长和老师的态度，真正的接纳是让孩子心理健康和未来发展突破的基础！只有全面了解阅读障碍孩子，发现孩子身上的特质，挖掘他们的自身优势，做好人生规划，才能让孩子在人生道路上避开险滩，突破自我！

如果您是阅读障碍儿童的家长或老师，这本书会告诉你如何理解和接纳阅读障碍孩子并给予教育指导。如果您是阅读障碍本人，这本书教你如何正确看待自我、使用好阅读障碍标签，它可能使你得到更多帮助和理解。也许在不久的将来，我们的国家也会有关于阅读障碍的立法、学校的配套帮助，这样阅读障碍就能得到更公平的对待和扶持！

推荐序

我们该如何为阅读障碍孩子赋能？

文 / 王玉玲

北京市西城区教育学院融合教育中心

我怀着激动的心情几乎一口气读完了《请爱我本来的样子》这本书。虽然这本书是写给家长的，但对教师而言，这本书同样具有不可替代的独特价值。

我是一名融合教育教研员，我和我们"学习特殊需要"教研组的老师们可能是目前国内仅有的熟悉阅读障碍的区级教研教师群体。由于国内目前还没有将阅读障碍纳入特殊教育服务对象，教师、家长、社会对阅读障碍还缺乏了解，阅读障碍仍然是普通教育和特殊教育的"双盲区"。阅读障碍学生和他们的教师和家长处于较为孤立无援的境地，他们急切地盼望能够找到"治愈"阅读障碍的良方，普遍处于高度焦虑的精神状态之中。而这本书告诉我们，不要去寻找"治愈"的方法，因为阅读障碍不是疾病，甚至也不是一种障碍。阅读障碍只是一种身份，这种身份无需感到羞耻，甚至可以引以为傲。这一理念与我们教研组的理念高度契合。

我在教研组反复强调，阅读障碍学生不是不能阅读，只是适合的阅读方式不同；他们不是没有能力，只是目前的教学方式和评价方式限制了他们的潜能。他们是极具潜力但却难以施展的群体，作为教师和家长，我们首先要看到他们"笨拙"的外表下聪慧的内在，看到他们佯装不在意甚至叛逆的外表下痛苦挣扎和渴望被理解的灵魂。这种理解是有效帮助阅读障碍学生的前提。否则我们可能南辕北辙，教师和家长越"努力"，阅读障碍孩子的痛苦越深，距离成为"更好的自己"越远。相比教给教师和家长各种"招术"，我更主张真真切切体验到阅读障碍孩子的困境，并且能够跳出困境完整地看到孩子，看到他们的优势与渴望。而这本书能够出色地帮助教师和家长真正"看见"阅读障碍学生。

本书的作者就是一名阅读障碍者，他先天与阅读障碍发生着强烈的连接，并通过这本书让我们与阅读障碍发生了强烈的连接。而且他是读困社群"勇往直前国度"的组织者，而这一社群不乏阅读障碍的成功人士，包括他本人。这让他能够从阅读障碍孩子的读写问题的"树木"中抽离出来，从更高位的文化与人生的"森林"视角反思：对阅读障碍者而言，什么更重要。作者提出借助科技的力量寻求读写的替代方案，让阅读障碍学生有更多的时间和精力发展特长、享受丰富多彩的人生。这也与我们的理念相契合。差异是普遍存在的，阅读障碍只是众多差异中的一种。阅读障碍学生的障碍，一方面来自生理上的"学习障碍"，另一方面来自一元文化与他人误解的"环境障碍"。了解阅读障碍等特殊需要学生的客观需要，不断地调整外在环境"适应"每个孩子的特殊需要，是对阅读障碍等学生最好的支持，同时也是促进我们的教育更公平、更高质的原动力。

阅读障碍学生遇到的种种困难无疑从特殊需要的视角给教育工作者提出了一个又一个值得深思的问题："一刀切"是否是真正的教育公平？如果满足每一个学生的特殊需要才是教育公平，那么如何将客观的标准与差异化需求合理地综合考量？对阅读障碍等特殊需要学生的支持仅仅是按照学术研究成果"矫治"学生吗？如果不是，有没有更好的方式能够既适应孩子的特点又帮助他们适度"训练"？是否能够整合各领域资源提供更全面的教育支持？一个教育支持体系的有效性是否不取决于采用哪种模式，而是这一模式是否提供了有效的支持？专业人员素质无疑是让教育支持有效的关键，那么，教师的专业性如何能够得到广泛而持续的增强？

尤其在我国目前阅读障碍支持资源还严重缺乏的情况下，作为阅读障碍孩子的重要他人，家长和教师可为的空间有多大？我们该如何为阅读障碍孩子赋能？

社会进步可以等，但孩子不能等。向家长，我强烈推荐这本书，相比为孩子提供过多的学习支持，莫不如成就孩子健康的心理、乐观的态度与积极的行动力。向教师，我也推荐这本书，这本书能让我们知道身为教师该为家长提供什么样的建议。此外，我还推荐大家阅读我们教研组的两本图书《与众不同的学生——学习障碍等特殊需要学生的评量与干预案例精选》《遇见阅读障碍——教师和家长怎么做》。作为教师，不要像本书中提到的班主任一样，认为阅读障碍学生与己无关。阅读障碍学生就是我们的学生，我们有能力而且有优势担负起支持阅读障碍学生的责任。我们教研组非常多的案例证明，教师并不缺少行动的智慧，只是缺少对学生的了解。而在了解阅读障碍、走近他们的过程中，被支持的不仅是学生，还有我们自己。是他们让我们看到习以为常的背后有我们忽略的、误解的真相，让我们在探究真相的过程中获得持续的专业成长。

何况我们并不孤单，从教育部对人大代表提议的回应，到某些市、区将阅读障碍纳入特殊教育服务对象的举措；从学术研究对阅读障碍的关注，到教师群体的实践反思；从专家与家长的呼吁，到媒体的报道与关注……可以看到，我国支持阅读障碍的力量越来越大。

再次推荐本书，它正是我们真正走进阅读障碍孩子世界的快速通道。希望更多的家长与教师增加对阅读障碍的了解，希望我们的社会更加多元包容，希望阅读障碍等特殊需要孩子能够发挥潜能、快乐成长！最后，感谢本书的作者、译者，尤其感谢关雪菁和王羽编辑的创见，是您们的努力与推动让这个世界更加公平与多彩。

推荐序

聪明的笨小孩

文 / 康翠萍

北京师范大学创新研究院 / 心阅未来

近些年，"阅读障碍"这个概念越来越被广大家长所知晓。但是，尴尬的是，很多家长并不想给自己的孩子贴上这个标签。主要原因在于贴上这个标签对孩子来说并不意味着可以获得更多实质的帮助，还可能让孩子受到老师或同伴的歧视，在中文语境下，"障碍"是一个非常负面的词汇。虽然最近几年出版了各类阅读障碍方面的书籍，但多数是学术性很强的专业书籍，缺乏针对阅读障碍儿童的具体干预方法，也几乎没有提供成功的个案。在这种情况下，家长们普遍感到束手无策。

《请爱我本来的样子》这本书是给家长和阅读障碍孩子带来希望的一本书。本书作者就是一位阅读障碍人士，字里行间都体现出作者对与自己有同样问题的阅读障碍群体的同理心和人文关怀。他用自己的亲身经历向家长们证明，阅读障碍儿童不仅只有缺陷。相反，他们具有普通孩子不具有的先天优势，而这些优势正是 21 世纪人工智能时代最为重要的核心素养的组成部分。只要他们在学习和心理上获得足够的支持，拥有一个包容、宽松的成长环境，他们完全可以成为某一领域的佼佼者。与传统的只测试孩子智商、阅读和其他相关能力的测评不同，这本书给家长提供了一个清楚了解孩子优势的测试工具。

本书还为家长提供了帮助孩子提升读写能力的方法和资源。更重要的，它能让家长学会用正确的态度和心态来面对孩子的问题，通过培养孩子的自信心和心理韧性来应对不友好的成长环境。作为阅读障碍儿童的家长，在缺乏社会支持的情况下，更需要用科学的认知（充分了解与阅读障碍儿童心理相关的科学知识）、无比宽容的态度、强大的意志力、坚持不懈的执行力来面对孩子的困境，为孩子营造一个良好的家庭内部环境。作者回顾了自己的成长经历，读者可以非常直观地看出他的父母是如何为他寻求帮助和提供心理支持的。相信家长读了这本书，会清楚地了解到自己该如何去做才能更好地促进孩子的发展和问题的解决。

作者提到他接受了采用了 OG 方法的专业训练师的干预，对他读写能力的提高起到极大的促进作用。OG 方法是阅读障碍研究鼻祖塞缪尔·奥顿 (Samuel Orton) 和心理学家、教育家安娜·吉林 汉

姆 (Anna Gillingham) 在 20 世纪 30 年代开发的，它主要运用多感官教学法提升读困人群的解码能力。据统计，我国有上千万阅读障碍儿童，然而，我国目前还缺乏这样的专业训练师。要解决这个问题，需要国家和社会各界的共同努力。希望这本书的出版能让更多人看到阅读障碍群体的真实需求，让更多社会机构和有识之士关注阅读障碍这个群体，为他们创造更友好的社会环境，培养出更多专业训练师，从而帮助他们发挥出自己的潜能和优势。

父母是阅读障碍儿童最有力的支持者。无论从经济成本还是时间成本来说，父母都是最适合给孩子提供帮助的人。然而，并不是所有父母都有时间、精力和能力帮助孩子提升读写能力并提供心理支持，所以家长更需要多方面的赋能和支持，本书的出版无疑也是广大读困儿童家长的福音。

目 录
Contents

引言

有些人认为，阅读障碍者能获得成功，是因为他们"克服"了阅读障碍。但事实并非如此。以我为例，从很多方面来说，我算是取得了成功：我从斯坦福大学获得了法律博士和工商管理硕士联合学位，曾在白宫工作，在英特尔公司领导着一个研究小组，还创办了勇往直前国度（Headstrong Nation），一个致力于为阅读障碍社区服务的非营利组织；最具讽刺意味的是，作为一名阅读障碍者，我还写了一本书。

但我知道，我之所以能实现这些目标，是因为我已经将阅读障碍融入了我的生活之中，而非克服了它。阅读障碍是我的一部分，就像我是一个男人，我来自新罕布什尔州。事实上，我发现我最大的优势与我最严重的弱势是紧密相关的。正是认识到我的弱势和优势，并将它们在我的生活中彼此连接，才让我获得了成功。更重要的是，这一过程也让我收获了快乐。

我从中得到的"财富"可以为有阅读障碍的人们提供一条通向独立自主的道路。我花了近25年的时间才完全接纳我的阅读障碍，你将在这本书中随我一起回顾这段旅程。我的目标是为你提供一套工具，可以给你的孩子赋能，让你放下恐惧，为你跟孩子开启一扇通往未来成功的大门。如果我在成长过程中拥有这些工具，就能更早地开始这段将弱势和优势连接整合的旅程，也可以免于那些年无力而充满羞耻感的生活。

这本书与你读过的其他由政府特殊教育服务机构提供的有关阅读障碍或特殊学习障碍的书都不同。许多书籍或"专家"都承诺可以治愈你的孩子，但在这本书里我要说的是，**阅读障碍并没有治愈方法，因为它并不是"疾病"。对于主流群体来说，阅读障碍是少数，但这并不能贬低我们的价值。我们只是做事方式有点与众不同。**用计算机打个比方，我们和大多数人的区别只是操作系统的不同。我们要让孩子们从阅读障碍是一种疾病这个思维模式中摆脱出来，转而把阅读障碍看成是自己的一个身份，一个可以引以为傲的身份。而这正是本书的使命，也是你作为父母的使命所在。

欢迎来到阅读障碍俱乐部

无论你的孩子是即将确认阅读障碍，还是已经知道他的阅读障碍有一段时间了，我都会说欢迎来到我们的俱乐部！这里很安全，你可以放下对阅读障碍这一身份的恐惧和焦虑。**相信我，我知道你的感受，因为我自己经历过，我的父母也经历过。**我可以百分之百地告诉你，情况一定会好起来，甚至，你还会乐在其中。这可能看起来过于乐观，但请相信，遵照本书提供的方法和步骤，你的孩子将重拾学习的乐趣，茁壮成长，而你也会有所获益。

现在这个俱乐部里已经有无数的成功人士。他们中有成功的学者，有诺贝尔奖获得者，有的在艺术领域作出过重大贡献，有的成为医学、法律和商业领域的精英；他们中有警察、消防员和飞行员，有教师、作家、企业家和电影制作人。总之，一旦掌握了简单的"成功法则"，他们可以实现任何的人生梦想。无论你是阅读障碍者，还是阅读障碍儿童的父母，或两者都是，你要知道你不是在孤军奋战。这本书将向你展示如何为你自己、你的孩子和你的家庭找到所有的"成功法则"。

一旦掌握了简单的"成功法则"，他们可以实现任何的人生梦想。

无论文化或经济差异多大，我深深感知到，我与每个有阅读障碍的人都有一种强烈的连接。就好像我们在同一个地方、同一个国度里长大一样——"阅读障碍国"。我们有共同的经历，产生了一种连接。我们中的许多人具有相同的优势（出色的听力、口语表达能力或战略性思考能力）和相同的弱势（比如阅读能力差）。在美国，约 1/10 的人——也就是 3 000 万人有阅读障碍。当你的孩子坐上一辆载有 50 个学生的校车时，可能同车的孩子中还有 4 个也有阅读障碍。

在"阅读障碍国"里，没有人擅长拼读，没有人擅长写字，但我们却是很好的听众，而且常常是很好的公开演讲者。我们是派对中给大家带来快乐的人。我们比很多的同龄人更努力地工作和学习。**然而，我们努力适应主流文化并不意味着我们必须要摆脱阅读障碍的特质**。如果你从别国移民到美国，你可能会接受一些美国习俗，但你不会将你的家乡文化——比如饮食习惯、民族舞蹈、职业道德、传统节日等，完全抛之脑后。

"阅读障碍国"的公民都拥有一本"护照"，可以轻松进入许多"邻国"，其中比较知名的"邻国"有计算障碍、书写障碍和注意缺陷与多动障碍（ADHD）等。在我看来，大家"都是俱乐部里的一员"——这是我为我们这个大家庭创立的口号。这个大家庭中的人都有一些不太容易被发现的障碍，通常这些障碍被统称为"特殊学习障碍"。你的孩子还可能拥有"双重国籍"。例如，40% 的 ADHD 患者也有阅读障碍，但反过来却并非如此，因为阅读障碍者比 ADHD 患者数量多。我们所有人都有共同的纽带，共同的历史。当我和 ADHD 患者一起出去玩时，我理解他们，了解他们的特征，我甚至还可能拥有他们的一些性格特质。尽管我在整本书中都使用了"阅读障碍"这个词，但这本书不只针对阅读障碍，它是为所有来自特殊学习障碍大家庭的成员准备的，我们都是志同道合的人，因为我们有相同的经历。

我们每个人，包括没有阅读障碍的普通读者，都有一定的优势和劣势。有些人可以在 3 小时内跑完马拉松（极少），有些人可以走完 1 千米（多数），有些人却无法从椅子上站立起来（也极少）。根据每个人情况的不同，这些劣势或者优势可能重要，也可能并不重要。富兰克林·罗斯福连 1 千米都走不了，却成为了美国总统，因此没有任何一个弱点可以定义一个人。并非每个在阅读或拼写上存在困难的孩子都有阅读障碍，但有阅读障碍的孩子却都有共同的特征。例如，我是双手并用的：我运动的时候是左撇子，而我做其他事情时用右手。这很可能都是阅读障碍带给我的特征。当我遇到阅读障碍者时，他们很可能有某种形式的交叉偏侧化 ① 或是左撇子。然而，这只是与阅读障碍相关的几十个特征之一，其他特征还包括快速识别图样花色的能力，缺乏将语音与语言符号相关联的能力等。

与阅读障碍相关的最重要的特征之一是企业家思维。事实上，在美国有 35% 的企业家都有阅读障碍。我发现，从企业家思维这个角度来讨论阅读障碍的自主之路时，可以让来自所有经济和学术背景的人们认识到阅读障碍的个人特质带来的优势。无论他们感兴趣的领域是什么，所有阅读障碍者都可以与自己内在的企业家建立联系，这样他们就可以获得变革精神并借以实现自己的梦想。

你的孩子已是我们俱乐部的一员。然而，为了让你的孩子最大限度地利用自己的这一特质，你需要一本帮助你应对阅读障碍的手册。如果你本人不是"阅读障碍国"的居民，就更加需要这样一本指南。而这本书就是那个指南。

---

① 译者注：有研究认为人的手、眼、脚或耳朵的同侧优势（如同左利，或同右利）不一致，有遭受学术困难的特殊风险，这种现象被称为交叉偏侧化。近年也有研究者认为交叉偏侧化与学术成就或智力之间并不存在可靠联系。

好消息：无药可医全因不是病

大多数专为矫正阅读障碍而设计的学校和阅读训练计划都基于"阅读障碍是一种缺陷"这个观点。他们的目标是要把孩子变成一个毫无阅读障碍的人。但是，让我来告诉你，这种想法完全是徒劳且错误的。据我所知，如果你的主要目标是教你的孩子能像其他孩子一样阅读或拼写，孩子取得成功的机会将大大降低。这就像告诉坐在轮椅上的人，他需要花更多的时间来学习如何走路一样。

即使是最好心的父母也会试图证明他们的孩子已经被"治愈"，不再有阅读障碍。我可以理解，你是多么希望你的孩子不必一生都在与一个不是为他而建的世界作斗争。有些父母甚至会否认孩子的学校发现的问题，他们经常会争辩说："我的孩子喜欢读书，他不可能有阅读障碍。"但事实是，阅读障碍的孩子之所以"喜欢"书籍，只是因为他们将书籍与智力联系了起来，以此来表现他们对学习的热爱。声称爱书的阅读障碍儿童是聪明的，他正在用他知道的唯一方法来伪装和保护自己。

阅读有三种方式：视觉阅读、听觉阅读和手触阅读。阅读障碍的孩子永远无法达到同龄人视觉阅读的水平，但你大可放心，这没什么大不了的，虽然通过阅读来接触大量词汇和思想、取得学业成功仍是当前的主要方式。一个失明小孩可以用耳朵听有声书或用手指来阅读盲文，但没有人会说盲人没有通过视觉阅读文字就是懒或者笨。当我听音频时，我通过听觉阅读能将音频的播放速度提高到每分钟 400 个单词，这是标准演讲速度的 4 倍（这种技能你可以在这本书中学到），这样我就通过听觉阅读为自己创造与其他视觉阅读者一样公平竞争的环境。这不是主流人群所理解的阅读，但听觉阅读也是一种学习方式，是一种"阅读能力"。

我引入这些术语是为了破除学校中存在的一种潜在偏见：视觉阅读是唯一的阅读形式。你可以使用这些术语——视觉阅读、听觉阅读和手触阅读，并向你的孩子解释这些术语，使这个狭隘的观念有所改变。我们需要赞赏孩子对思想的热爱和对知识的追求，同时允许他不喜欢标准的阅读方式！当我们给孩子机会以其他方式收集信息和探索想法时，他们就会茁壮成长。视觉阅读不是唯一的阅读形式。

视觉阅读不是唯一的阅读形式。

视觉阅读是学校教授给孩子们的阅读方法，但在信息吸收或理解上，它并不比听觉阅读或手触阅读更好。事实上，每种阅读方法都有优势和劣势。无论你是坐轮椅还是靠双腿行走，最终都会到达目的地。实际上，如果你知道自己在做什么且地形也有利，坐轮椅可以更快到达目的地。**只关注视觉阅读会忽略教育的真正目标在于获取知识、独立思考和掌握技能，以及在不同思想和知识的世界中创建新连接。**

我承认视觉阅读是一项宝贵的技能，因为它是大多数教育的默认技能，它具有听觉阅读和手触阅读没有的天然优势，但这是基于当前的社会现实条件下我们所做出的选择。打个比方，爬楼梯是一项很有用的能力，因为很多建筑物没有斜坡道。但如果我们的社会不再有楼梯，那么坐轮椅也可能变为一个优势。同样地，视觉阅读方法的普遍使用是因为它是进入印刷物世界的标准方式。**关键不是某一种选择绝对好过其他选择，而是我们要选择在当前状况下对我们更有利的方式**，避免陷入对社会性选择进行道德评判的误区。一个有阅读障碍的人用视觉阅读读完一页文本可能需要 6 分钟，而普通人只需 1 分钟，但如果有阅读障碍的人能在 1 分钟内用耳朵获取同样的信息，这难道不是一条更好的途径吗？

本书的一个中心主题是，我们必须质疑那些灌输给我们的"正常"的做事方式，取而代之的做法是整合多种方式让我们的孩子获取信息。用这本书重新点燃学习的内驱力，用最适合我们的方式来学习。作为父母，你可以自信地接纳这种观念，虽然你的孩子可能不喜欢用视觉的方式阅读书籍，但如果你能让他的教育需求与他所拥有的技能相适应，他将会和你一样热爱学习。

当然，我仍然建议让孩子在小学阶段尽量掌握基本的读写技能。

别忘了找点乐趣

父母很容易变得过于执着孩子的长期目标：接受良好的教育。然而后退一步，我们更应该记得，与此同等重要的是，孩子还只是一个孩子，他应该尽情享受童年的一切。不要把每个工作日（上学日）都挤满一个接一个的辅导班，不要把每个周末都变成没完没了的补作业时间。确保孩子正在发展自己真正喜欢的爱好，而不是把特长当成一种证明实力的手段。更重要的是，给我们自己也留点时间。我们需要仔细思考并进行研究——我们是否正在做我们应该做的事情。知道这一点应该会让你放下一些焦虑，甚至可以时不时去看场电影或者出去露营。你能做的最糟糕的事情，就是试图通过放弃你的余生来解决阅读障碍的问题。

新技术，旧挑战

在许多方面，对阅读障碍的人来说，当今世界比以往任何时候都更容易生存，这主要是因为计算机和语音技术的进步。学生背包中手机的计算加工处理能力比教师办公桌上的电脑还要厉害。微处理器能力的加速，使诸如文字识别和语音识别之类的技术无处不在。在苹果手机语音应用程序 Siri 或安卓智能手机语音功能中，我们都见识了这种强大的处理能力。这些时髦的新设备可以让你对着手机说话并将你的语言转换为文本，或把文本朗读给你听。它们并不是以向有障碍者提供"辅助技术"的样貌而呈现的。它们很酷，更重要的是，它们对阅读障碍者来说很有帮助。如果你是阅读障碍者或阅读障碍儿童的父母，我建议让技术成为你最好的新朋友。

我的座右铭一直是："需求引发动机，但挫折才是发明创造之母。"当我进入研究生院时，我所在的大学花了 3 周的时间将我的教科书转换为数字文本，以便我可以使用计算机语音来听课和完成作业（听觉阅读）。这种挫败感促使我发明了英特尔阅读器，这是一种手持电子设备，可以拍摄任何文本并立刻大声朗读出来。CNN 称这种设备"史无前例、不容忽视"。虽然当今社会技术发展很快，而我发明的阅读器可能很快就会被新的、更好的工具所取代，但在我写这本书时，这种每台成本约为 550 美元的阅读器仍在销售中。同样，这个设备并不能帮助我或其他任何人克服阅读障碍，但它确实让阅读障碍者进入了书籍和其他印刷品的世界。

更重要的是，阅读器让我能够独立自主。当我使用它时，我不必依赖任何机构或个人帮助我完成工作。它还使我能够随时随地使用非常快捷的语音技术。在本书的后面，我将解释为什么要让你的孩子学习这项技能，以及如何使用这项技能。为了让你了解我的阅读世界与普通视觉阅读者的阅读世界有何不同，你有必要看一看我使用超快速语音的演示。你会听到阅读障碍的大脑处理音频的方式有多么不同，而且它对于你理解本书其他章节的内容也大有帮助。对我来说，用传统方式看书就像在接听信号不好的手机一样，但语音技术就像有线固定电话：信息的传输清晰明了。

然而，即使可以使用最先进的技术，阅读障碍者仍然面临着重重困难。越来越大的班级规模使教师难以进行个性化教学，对孩子进行一对一的指导；教学体系变得更加以考试为导向，而预算削减使教师对待教学更加死板僵化。造成上述问题的部分原因，是由于美国在 2001 年通过了"不让任何一个孩子落后"的法案，这个法案规定，学校必须证明学生达到了教学标准，才能获得联邦政府的资金资助。由于这一法令的强制要求，公立学校和私立学校都在迫使孩子们遵守更为严格的行为规范，而教师的应对方式则是专注于能够快速达到教学标准的教学方式，这实际上减少了学生们的选择机会。

我 8 岁的时候，"阅读障碍"和"特殊学习障碍"这两个词在教育领域还是相对较新的概念，专门针对"特殊教育"的课程并不常见。我的父亲还记得跟老师会面时，因为从未听说过阅读障碍这个词，于是没有阅读障碍的他讽刺地问道："dyslexia（阅读障碍）？这个词怎么拼？"我们学校那时刚刚获得了政府资助，要开设特殊教育课程，于是学校行政人员建议我的父母让我接受特殊教育支持。我的父母接受了学校的建议。被送到不同的教室接受特殊帮助，有时会让我感到不舒服，但如果这对我有帮助，我的父母都全力支持。

今天，进入特殊教育通常会给人带来巨大的羞耻感。有些父母为了避免给孩子贴标签，宁愿让孩子远离特殊教育教室，即使他们的孩子在主流环境中无法取得成功。教室门上的标志并不代表什么，最重要的是，你和你的孩子可以在这里寻求到让他取得成功所需的工具。

阅读障碍的表现

我乐于接受自己的阅读障碍，因为我喜欢自己的大脑。如果你那一向聪明伶俐、勤奋好学的二年级孩子突然开始在考试中拿到 D，打架并做出各种出格的行为以吸引老师的注意，那么他可能像我一样有特殊学习障碍。

脑科学已经证明，阅读障碍不是由父母教养不当、学校教育不良或任何形式的社会或心理缺陷导致的。它是一种与大脑功能相关的独特生理特征。直到最近，脑神经科学才通过脑电成像技术向我们展示了阅读障碍者大脑的不同之处。正如你在下文里看到的磁共振脑功能成像图中所示（见图 1），阅读障碍表现在大脑的颞顶叶区域，它还表现在位于大脑深处的角回区，这在图像中未显示出来。研究表明，这些区域是在大脑中负责语言处理的区域。

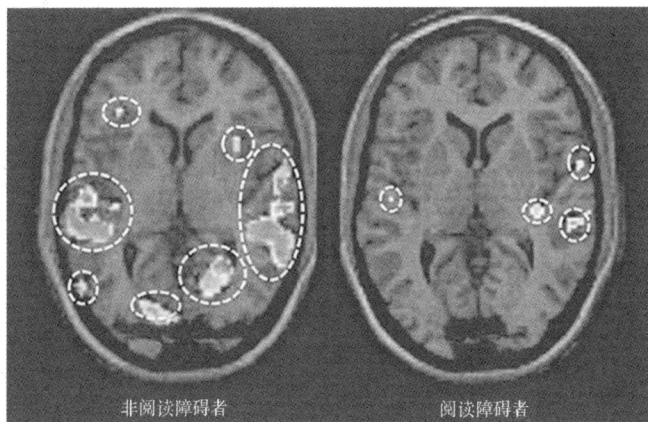

图 1　负责阅读的大脑脑区 fMRI[①]

① 在磁共振脑功能成像（fMRI）中，用虚线圆圈突出表示的区域显示了阅读时的大脑活动，左边是标准阅读者的大脑，而右边是我的大脑。右图是我在斯坦福医学院拍摄的图像，从图中可以看到，当我阅读时，我的大脑在语言区域显示出较低的活跃度，包括大脑双侧的颞顶叶区。

在《隐形的天才》（*The Dyslexic Advantage*）这本书中，作者布洛克·艾德（Brock Eide）和费尔内特·艾德（Fernette Eide）提出阅读障碍源于与众不同的大脑活动模式。艾德夫妇引用的研究表明，阅读障碍者更依赖于右脑，右脑更擅长看到全局而不是细节。有趣的是，在 2003 年进行的一项研究中，格尼薇儿·艾登（Guinevere Eden）及其同事发现，所有读者在刚开始学习阅读时都会同时使用大脑左右半球，但大多数人（即没有阅读障碍的人）最终会将这种活动转移到大脑左半球，而阅读障碍者则没有发生转移。

路易斯维尔大学医学院的曼努埃尔·卡萨诺瓦（Manuel Casanova）博士接受艾德夫妇采访时表示，他发现阅读障碍者的大脑皮质（即构成大脑外部的细胞层）与非阅读障碍者的大脑皮质相比，具有不同的特征。对阅读障碍者而言，在皮质层不同部位发现的功能柱——呈垂直（纵向）排列的神经元集合体，由（相比非阅读障碍者大脑）更长的轴突相连接。轴突的长度通常可以预测某些能力：轴突越短，通常处理精细细节及区分符号和声音细节的些微差别的能力越强。相对而言，轴突越长，观察宏观联系和概念的能力越强。卡萨诺瓦（Casanova）认为，这意味着有阅读障碍的大脑倾向于在宏观思维方面更强，而在处理细节方面则偏弱。

艾德夫妇用一个经典比喻来解释这个复杂的科学观点，即阅读障碍者可以轻松地看到森林（全局）但是难以看到树木（细节），这也符合我的个人经验。学校对孩子进行智力评估的第一个项目即是"树"型活动：如拼写、阅读、做数学题；"森林"型学习，则是将以上这些技能用于学习更宏观的概念。对于大多数孩子而言，更适合在高年级后再开展（在大多数学校课程中也是如此）"森林"型学习。而根据现在的大脑研究，阅读障碍者很容易首先看到"森林"，而在掌握"树"型学习时有困难。实际上，一眼就能看到全局，可能是一种非常强有力的概念化思维方式。

当我的头脑中涌现英特尔阅读器的想法时，我正坐在办公室里玩我的平板扫描仪和笔记本电脑，我突然想到放在办公桌上的手机拥有所有元素——相机、微处理器和扬声器，我需要将设备对着某个文本，进行识别和处理，然后收听转换为语音的文本。大约3秒，我就看到了全景——一个包含超移动主板、光学扫描字符识别以及文本转语音软件的总体设计。我也清楚热动力学（设备不能太热而无法握持）和人体工程学设计（必须让用户拿着舒服）对用户交互的影响。但是如果问我创建该设计的任何详细组件，例如，如何编写一行特定的代码，或者如何在主板上布线，我会不知所措。尽管如此，我仍因发明英特尔阅读器的底层新技术而获得5项美国专利。这种总揽全局的视野是企业家的一种常见思维方式，也是他们成功的关键。

对于我来说，使用视觉阅读就像洗衣服时用搓衣板和肥皂，而大多数人却在用最新型的洗衣机。但如果在其他的活动中，比如在公共场合演讲，这个比喻就会变成：我有一台顶级的缝纫机，而其他大多数人都在用针和线。我拥有非凡的语言能力，我可以很精练，也可以很健谈，而且我也会用复杂的、有时还很纯粹的巴洛克式词汇。但同时，我无法拼出这些单词中的任何一个。哎呀，我可能还拼错了"拼写"这个单词。

我真希望在我年轻并且努力适应的时候就能够看到并理解大脑的这些元素，因为fMRI清楚地显示并证实了我的发现：无论你多么努力，你都无法改变你是谁。看到那个阅读障碍的大脑成像对我来说非常震撼（见图1）。当我停止尝试改变我的大脑并开始改变周围的环境时，我的幸福随之而来。

消除羞耻感

我们推出英特尔阅读器时，它被认为是一项令人难以置信的技术。这是一台手持电脑，它拥有很小的 PC 主板，并在最新的英特尔微处理器上运行。它具有光学字符识别、文本转语音功能、高分辨率屏幕、8 小时的电池续航时间，以及大众熟悉的英特尔品牌。但是仍存在一个问题：让大众应用它的主要障碍在于，人们不想承认自己无法像其他人一样阅读。虽然我们向学校和机构销售了许多产品，但零售销售并不理想。阅读障碍者担心会因为使用英特尔阅读器而被视为异类。思科公司首席执行官约翰·钱伯斯（John Chambers）将其免费提供给 100 000 名员工使用。根据阅读障碍的发生率，他的公司中预计至少有 10 000 名阅读障碍者。但据我所知，没有人愿意接受它。直到那时我才意识到，要想消除公开承认阅读障碍带来的麻烦，唯一的方法就是消除我们所背负的羞耻感。

羞耻感源于对自我的不认同，认为自己毫无价值。它与内疚感不同，内疚感是对自己所做的事情感到糟糕，比如偷窃或作弊。即使在今天，与其他人相比，我的阅读能力仍处于最末端的 15%。若你让我识别放在我面前的任何字母，我甚至会处在最末端的 1%。在我小的时候，学校老师对我的阅读问题的反馈无一例外都是："再努力一点；试试这种阅读方法或者那种。"当我没有达到他们期待的结果时，我当时认定是因为自己懒或者笨。我非常希望证明自己是有能力的，所以我接受了他们的模式并试图去适应。私底下，我却认为自己糟糕透顶，我是唯一一个不会阅读也不会拼写的人。我说自己花了数年时间才淡化那些羞耻的感觉，这也只是一种极度的轻描淡写。而本书的目标就是要帮助你的孩子避免同样的经历。

当你开始去了解孩子的阅读障碍时，你很可能会发现一些意外的惊喜。这将会触发你情感深处的情绪涌动，你需要谨慎处理。我会竭尽所能为你提供路标，帮助你找到适合你和你家人的正确道路。鉴于阅读障碍是有遗传性的，你家庭里的其他成员很可能也有类似的情况，也许你自己或你的兄弟姐妹可能也有阅读障碍。我见过很多这样的例子，作为一个从未获得过身份认同的人，发现自己在重新审视自己的身份，以及审视家庭中的基本关系（如谁是聪明的哥哥，或者谁是漂亮但学无所成的妹妹）。仅仅通过阅读本书，你可能就会在此过程中释放强大的情绪，包括潜在的愤怒、怨恨或恐惧，所以耐心阅读这一点显得尤为重要。

因"特殊学习障碍"或"阅读障碍"一词而生的羞耻感根深蒂固。我的朋友贾诺曾在旧金山的一所小学上学，老师们将阅读最优秀的学生放在金雕组中，其次是飞鹰组，接下来是乌鸦组、麻雀组，最后是最差的阅读小组：小鸡组。这种分组方式建立在这样的假设上：如果一个孩子很勤奋，他的阅读速度会进步很快，并会升级到一个更好的组队。但是这种升级机制仅仅基于一种技能——阅读。我想不可能会有被分到小鸡组的孩子会觉得和一只不会飞的鸟分在一组是一种夸奖。同时这种分组方式还忽视了另一个更重要的现实，每个孩子都有优势和弱势，而单一的衡量标准将限制他们多样化学习的可能性，并迫使孩子们相互评判。

很多人在童年时期都遭遇了巨大的困难。格申·考夫曼（Gershen Kaufman）博士是关于羞耻感这一大众话题的权威心理学专家，他认为与阅读障碍相关的羞耻感程度"在强度上通常与背德带来的羞耻感相差无几"。当我读到这篇文章时，感到很震惊，但这是我在相关领域中看到的最能触及核心的描述。我的一位阅读障碍朋友将他的羞耻感描述为"缓释性创伤"。每一天他都觉得自己很没用、"不正常"。成年后，他因在学校的经历引起的创伤后应激综合征（PTSD）接受了治疗。阅读本书可以避免让你的孩子走上同样的道路。

但什么是"正常"呢？我在所有情况下都避免使用这个词，因为它带有许多隐藏的价值和道德评判，以及关于世界应该如何运作的伪观念。当一个人在视觉阅读的情境中被描述为"不正常"时，那么在更大的学校情境中也会变成"不正常"。视觉阅读被视为完成学业所必需的、与生俱来的一项技能。当孩子的生活是以学校学习为中心时，在视觉阅读这一项技能上被认定失败可能会成为幼年生活中的决定性经历。如果在核心生命活动中表现糟糕，例如，本篇所述的在学校里的阅读表现不好，一个人就会开始假设自己一定是有问题的，并把问题隐藏起来，就像这是一个耻辱。孩子们主要从三个主体的反应建立自己的目标模式：父母、同龄人和老师。对于大多数有阅读障碍的儿童来说，很可能会面临同龄人的嘲笑、老师的不理解。**为了避免因此产生的羞耻感，父母的有力支持并与孩子站在一起是至关重要的。**而且，如果一个人在某一方面深感羞耻，这种情况可能会蔓延到其他不相关的领域。例如，如果一个女人认为自己的身材没有吸引力，她可能会认为自己也不擅长交谈，或者因为自己笑声大而感到羞耻。对于有阅读障碍的孩子来说也是如此。如果他对自己的视觉阅读不满意，他可能会错误地认为自己应该为运动能力或讲笑话的能力而感到羞耻。具有讽刺意味的是，他们的这些能力可能很强，也许可以成为摆脱羞耻感的桥梁，但如果根本原因不解决，孩子的整个状态都会受到影响。

更令人不安的是，自我厌恶和自我伤害之间存在着关联，在这方面我有切身体会。在成长过程中，我曾对自己的身体做过一些可怕的事情。为了"成功"，我探索出了一系列有风险的方法——我是一名足球守门员，一名公开演讲冠军，一名速降滑雪选手。我选择了这些高压力的爱好，并在潜意识里自学了如何应对风险。我取得了很多成就——高中时获得州足球锦标赛的最有价值球员，担任速降滑雪赛州冠军队的队长等。这些都是成功的标志，我迫切需要它们来增强我的自信心。但这要付出巨大的代价！取得这些成功的过程，让我的身体遭受了巨大的伤害：摔伤了膝盖，脊椎损伤两次，手骨折。我在高三那年经历了 5 次脑震荡，并刺破了一个肺。当我将这些伤害与漫长人生相关联，就变得更有意思了——90% 的受伤都发生在在校期间，以及我能够公开谈论自己的阅读障碍之前。这可能与我前文提到的"成功"形成了鲜明的对比。但遗憾的是，对于许多孩子来说，自我伤害现象都是真实存在的。当我与阅读障碍计划的同龄人交谈时发现，他们中的大多数人在青少年时期都有明确的自杀计划。也许我今天看起来还不错，但对我们中的很多人来说，那隐藏起来的伤疤，却是生动又真实的。

羞耻感也是非常耗费时间的。上大学时，我将学期论文传真给我妈妈，让她在电话里读给我听，这样我就可以找到拼写错误，隐藏起我的缺陷。我不愿意让同学知道我在考试中遇到了困难。这种隐藏需要超乎寻常的努力——它消耗了我和我父母大量的精力、情感和金钱。如果那时候我了解本书后面介绍的工具，我每天就可以节省很多时间。更重要的是，我可以自己完成这些工作。但 20 年前，羞耻感阻止我去寻找阅读障碍人群的社区或坦然面对我的真实情况。

因此我很清楚，现在立刻能做的，能够改变阅读障碍的一件事，就是减轻羞耻感，让每个阅读障碍的人对自己抱有正面积极的想法。在改变孩子的视觉阅读能力之前，我要优先做这件事。因为孩子可能一直都在思考："我现在可以阅读书籍了，但我仍然因被他人评价为懒和笨而讨厌自己。"这种想法很不健康。我更希望你的孩子说："我喜欢我自己，一切都会好的，我只是需要一条不同的学习途径。"自从我"站出来"并开始公开谈论我的特质后，我变得更加健康——更不用说在医疗费用上节省了很多钱！

如果你的孩子可以将阅读障碍融入他的自我概念中，他就会更快乐、更健康，而这本书将有助于你帮助孩子做到这一点。你将学习如何完全避免羞耻感，让你的孩子在现在和未来都能茁壮成长。

如何使用这本书

拿起这本书的你应该是一个关注阅读障碍的人。也正是因为你开始花时间阅读本书，说明孩子的情况已经比大多数有困难的孩子好得多，尤其是有阅读障碍的孩子。并不是说这本书是灵丹妙药，而是因为你正在努力学习和支持你的孩子。

在本书的第一部分，向你展示了如何识别孩子的特质，并帮助他了解自己是谁。你还将学习描绘孩子的优势和弱势，并在支持他的弱势的同时发挥其优势。你还将学习并识别什么才是在长期过程中最易获得成功的心态，并帮助你的孩子培养这些心态。我们将揭示对阅读障碍的一些误解，并让你了解科学研究告诉我们的有关阅读障碍的事实。第一部分的基本目标是让你准备好，迎接主流世界中阅读障碍的核心挑战：羞耻感。

在本书的第二部分，着重于教你的孩子如何告诉他人自己有阅读障碍，让他能够获得成功所需的帮助。先是在学校，然后是在生活的其他领域。你的职责是教给孩子行使发言权，并在他还很小的时候，通过必要的发声来支持他的发言。你也会希望你的孩子尽快学会为自己辩护。每一次当他用所学的知识和平和的态度为自己辩护时，他都在为自己未来的美好生活增加更多的机会。你将教给你的孩子发展心理韧性，并教会他通过比喻和故事帮助自己获得所需的资源。

在本书的第三部分，你将学习如何改变当前所处的环境，尤其是当你的孩子没有得到他所需要的帮助时。关于组建社群和进行创业思考时，你还将遇到一些可以参考的榜样。

阅读障碍是一种不明显的障碍，不仅是局外人（没有人看起来有阅读障碍），甚至本人都"看不到"。阅读障碍者不知道自己错过了什么，因为主流的解决方式并不适用于我们。为了纠正这一点，我们必须重写学习的"剧本"，让世界和我们自己都更了解阅读障碍。重写孩子的历史，从而重写孩子的未来，这是我们共同的项目。让我们现在就开始吧！

关于我的阅读障碍和写作的说明

当人们看到我最终的书面作品时，他们很难相信我有阅读障碍。最近我通常都是对着电脑输入语音，再用语音识别软件转换成文字，这大大提高了我写作的速度和准确度。写作这本书时，这些材料经过了四轮编辑，包括结构性调整、文字修改、校对，以及进一步的润色完善。下页这张图（图 2）是我用原始方式写的这本书的前几段。

我会用软件来朗读文本，然后自己再逐字修改，我没有利用现在大多数文字处理软件里标配的拼写检查或字词校正功能。我将它放在这里是为了让你看到这本书写作的"幕后"情况。是的，阅读障碍伴我同行，我为此感到自豪。

INTRODUCTION

some people thisn being successful means overcoming dyslexia. Nothing could be further from the truth, By many measures I have achieved success. I have worked in the white house. I ve got a combined JD/MBA from standorf university. I directed a research group at Intel. I started Headstrong Nation, a not for profit dedicated to helping the dyslexic community. An now, in the ultimate irony I have written a book. I know that I have been able to accomplish my goals because eI have integrated dyslexia, not because I overcame it. It is is part of whi OI am. Just as I am a man and I from New Hampshire. Indeed I have found that my my greated strengths are directly tied to my most sever weakeneses. It is the process of of recognixing my weaknesses and strengths and connecting them in my life, that has made me successful. And more important happy.

What I have leanred can provide a path to independence for anyone who is dyslexic. It too me almore almost twenty five years to full emplrace my dyslexia. My goal is to give you the tool to empower you to eplower you child so that you can let go of your own fears, openning the door to a successful future for both of you. If have day the tools when I was growing up, I would have started the integration process nd skipped years of shame.

This book is not like any other book you have read about dyslexia or specific learning disabilities or the legal catagoy under service which dyslexia are provides. Whereas most other book or experts will promise a cure for your child. I ma here to say that the real turht is that ther eis no disease. In the mainstream dyslexix are the minoroty. But that does not make use less falauable. We just do things a littel differently. To use a commercial metaphor, where as the majority of people are PCs. This books, and your mission as a parent is about moveing the model for you child from dyslexia as disease to dyslexia as identifty. An identity we can all be proud of.

图 2　未经修改的原始书稿

欢迎来到阅读障碍国

第一部分

了解现状
准备迎接挑战

第 1 章
接纳孩子的特质

我的朋友史蒂夫·沃克（Steve Walker），一位非常成功的企业家，阅读障碍者，他一直告诉我无论给他多少钱，都无法让他再重返任何一所学校。但同时，他也会说，无论给他多少钱也无法带走他的阅读障碍，因为这已经成了"他是谁"的一部分。我上学或者参加标准化考试的时候，有很多次都拒绝接受学校的特殊照顾措施，因为这让我感到尴尬和羞耻——我不想与众不同，另外，要得到朗读试卷的许可，得花很大力气，这让我非常沮丧。有时候这样的羞耻感很深，让一个孩子只想从中彻底逃离。2010 年，美国得克萨斯州的一个有阅读困难的 8 岁男孩，从学校 2 层楼一跃而下，只是想要逃离长久以来因"与众不同"而饱受的奚落。虽然，他只受了轻伤（有灌木丛起到缓冲作用），但是他的故事正说明了，我们中的一些人一直在竭尽全力逃避这种让我们因"不正常"而感到的羞耻和窘迫。如果在孩子年纪还小的时候，你能帮助他学习接纳自己，你将能帮助孩子避免像史蒂夫、得州的小男孩和我一样承受的那些痛苦。因此，在你的家庭中，每个成员都能接纳孩子的学习特质是至关重要的。

这些故事正说明了，学校在帮助阅读障碍的孩子时存在不当之处。虽然大多数老师和学校行政人员是善意的，并在积极帮助孩子寻找出路，但是他们常常忽略了最重要的一点——孩子并不是有缺陷，所以教育的目标不是帮孩子修复。相反，我们的目标是要让孩子展现出自己的优势、弥补劣势，同时帮助他们找到获取信息的渠道。

在本书中，我试图为你展现一幅真实的教育图景，希望你能遇到很棒的老师和友好灵活的学校环境，但是我也希望你能够做好准备，想好万一没有足够的幸运，应该怎么办。

即使抛弃了"有缺陷"这个想法，阅读障碍仍然很难定义。奇怪的是，对于究竟是什么造成了阅读障碍，至今并没有达成清晰的权威共识。基于最新的科研结果和作为阅读障碍者的个人经验，我给出以下定义：

阅读障碍基于大脑的遗传特征，表现为语言中的语音与文字符号建立关联时的困难。它会导致个体在阅读、拼写，以及一些人们认为并不重要的生命活动领域中出错，比如无法辨别"左"和"右"。

有阅读障碍的人可能非常独立和聪明。阅读障碍的特点还包括一系列的优势能力，通常是在以下一项或几项领域中，包括口头表达能力、社交能力、叙事能力、空间想象能力、运动能力、视觉能力、数学逻辑能力以及音乐能力。

总之，阅读障碍令觉察宏观模式方面的能力增强，同时让识别知觉系统中具体细节的能力减弱。

教育的目标不是帮孩子修复。我们的目标是要让孩子展现出自己的优势、弥补劣势，同时帮助他们找到获取信息的渠道。

在这本书中，我使用阅读障碍（dyslexia）来描述一系列特定的学习障碍（specific learning disabilities，SLDs），包括书写困难（dysgraphia）、计算困难（dyscalculia）、运动协调障碍（dyspraxia）和中枢听觉处理障碍（central auditory processing disorder）。在SLD以及被确诊为注意力缺陷（attention deficit，AD）/多动障碍（hyperactivity disorder，HD）的儿童中，无论是单独的某种障碍还是同时伴随着任何其他障碍，他们的羞耻感和被当作局外人的经历一直都如影随形。

即使在阅读障碍这一类障碍中，每一个个体的具体表现也存在着巨大的差异。当然我们的劣势和优势一样，都是真实存在的。如果你的孩子没有完全符合以上任何一个定义的描述，他的学校仍然有可能会觉得他有学习障碍（经常称作"不明确的学习障碍"）。而最根本的难题是：如果你查阅"阅读障碍"或者任何其他出现在《精神障碍诊断与统计手册》（*Diagnostic and Statistical Manual of Mental Disorders*，DSM）中的术语，你就会发现是对诸多障碍的一个定义，使得这些人变得"不正常"——但是在其中，你却又找不到任何的临床诊断定义说明什么是"正常"。

当我们根据孩子的具体情况来进行解读时，前文我给出的对阅读障碍的定义是最有用的。在不同的年龄段或者不同的社会情境下，人们对孩子的能力会有不同的期待。比如，当孩子3岁的时候，没有人会审查他的阅读能力，所以也就不会觉察到读写问题的存在。同样地，当一个青少年在学校音乐剧中担任主角时，阅读障碍也不会那么明显。但是如果情境换成是小学三年级的拼写测试或者美国大学入学测试（SAT），这就是一个严重的问题了。

需要考虑的最重要的因素是孩子的年龄。以下我分4个年龄组列出了你需要考虑的相应的情境因素。切记这只是一个粗略的分析，你需要按照第 3 章中的内容去做更加细化的工作，同时，在看过第三部分之后，你将会知道接下来应该做些什么。比如，一个 8 岁，最近才被确认为阅读障碍的孩子，表现出了很高的抗压性；而另一个 12 岁，在 7 岁的时候就被确认为阅读障碍的孩子，却已经形成了一种"自己有问题"的思维模式，显然两者需要一系列不同的策略。

8 岁及以下：主流标准认为，这个年龄段的孩子正在学习如何阅读。从积极的方面来看，这意味着你的学校很关注孩子视觉阅读水平的提高，同时也很乐意提供相应的资源。另外，学校可能会延迟提供特殊照顾或者干预措施，因为他们通常会声称，还不能确认你的孩子有阅读障碍。

9～12 岁：在这个年龄阶段，多数主流学校会假设，孩子已经掌握了阅读技能，并期待他们能够使用这项技能学习其他学科。如果一个孩子阅读能力比应有水平低 2～3 个年级，这会让孩子在同龄人中处于明显的弱势地位，也会让孩子不自觉地认为自己阅读能力很差（还会让孩子带着这种羞耻感，认为自己是个很差劲的人），这就需要你在帮助孩子重塑个人能力和价值的认知方面，花费更多精力。

13～17 岁：如果孩子特别善于回避筛查测试，或者如果学校没有花时间和精力去辨别孩子的学习情况，那么孩子的阅读障碍问题常常到高年级阶段才会被发现。

18 岁及以上：出人意料地，孩子们在升入大学或者转换工作环境时，才首次发现有阅读障碍，这种情况很普遍。当学术成就或者专业能力的标准不断提高时，隐藏阅读障碍或者努力提升弱项，这两种策略都已经不再管用。

并没有一个万能的公式，可以帮助你的孩子取得成功。制订策略要考虑很多因素，包括学校如何反馈，孩子对此持什么态度，孩子有哪些优势，以及你和孩子有什么目标。在接下来的几个章节中，我们会综合这些因素，帮助你的孩子量身定制一套基本策略。

这个领域的各种专家，通常会使用不太全面的阅读障碍定义。在法律术语中，或者公立学校出于教学的目的，阅读障碍被归入了"特殊学习障碍"的分类之下，例如，1990 年的《美国残疾人教育法》（*The Individuals with Disabilities Education Act*，*IDEA*）中就如此规定——这部法律是美国对特殊教育的立法。在 1997 年，特殊学习障碍（SLD）的一个新版的定义被纳入了这部法律，以下是它的具体解释：

1. 概述——"特殊学习障碍"一词是指在理解或使用语言，包括口语或书面语时，一种或多种基本心理过程出现障碍，这种障碍可能表现为听、想、说、读、写、拼写或数学运算方面的能力缺陷。

2. 包括的疾病——该术语包括诸如知觉障碍、脑损伤、轻微脑功能障碍、阅读障碍和发育性失语症等情况。

3. 不包括的疾病——该术语不包括主要由视觉、听觉或运动障碍、智力低下、情绪障碍或因环境、文化或经济劣势所致的学习问题。

如果你发现自己对这类言辞有些困惑，请放心，并不是只有你一个人有这种感觉。它最初出现在《特殊学习障碍儿童法案》（*The Children with Specific Learning Disabilities Act*）这部法律中，该法案是 1969 年《小学和中学教育修正案》（*Elementary and Secondary Education Amendments*）的一部分，后经陆续调整、修订、合并到

了 IDEA 中。它没有给出阅读障碍本身的具体定义，而是将其与更
广泛的其他学习现象联系在一起。"脑损伤"这一类别与阅读障碍并
没有相关性，放在一起是为了能够维护儿童的权益并涵盖更大范围
的人群。在这个定义中，阅读障碍被描述为一种"障碍"，而不是一
种特征。"障碍"这个词表明某事"错误"或这个人有缺陷。但是，
障碍需在特定的情境中进行定义，也就是说，如果没有书面文本，就
不会有与阅读相关的障碍。最后，该法律还列出了一系列并非特殊学
习障碍的项目，这是立法过程中拙劣的一笔，画蛇添足，类似于解
释苹果是"一种不是橙子、香蕉、金橘、西瓜、草莓的水果。"国际
阅读障碍协会（*International Dyslexia Association*）提供了一个更好
的定义：

> 　　阅读障碍的特点是难以准确和（或）流利地识别文字，而且拼写
> 和解码能力较差。这些困难通常是由于语言的语音加工能力[①] 不足导致
> 的，这与其他认知能力和课堂教学效果无关。其衍生的后果可能包括
> 阅读理解困难以及阅读经验的缺少，从而阻碍了词汇量和背景知识的
> 增长。

这个定义仍然不够完美。它只关注劣势，并使用了大量的术语，
如"解码能力"。在这种情况下，"解码能力"是指与视觉阅读相关的
特定技能的集合。

无论在技术上如何定义阅读障碍，与之相随的担忧和误解在很
大程度上并不会改变。让我们来看看一些最常见的担忧。

[①]　编者注：中文阅读障碍的机制稍有不同，除了语音加工能力外，还有语素、正字
　　法等认知能力的不足。

识别担忧

现在你对阅读障碍的界定有了更好的了解。消除因阅读障碍引起的羞耻感，最好的方法是识别出那些与之相关的孩子与父母共同的担忧。你甚至可能还没法用合适的语言来表达你的担忧，以下是我收集并列出的一些顾虑，它们中的一部分（或全部）可能就是你所担忧的。表达或承认担忧是消除担忧的第一步。

担忧 1：担心我的孩子不够完美

人们在谈论阅读障碍时经常会使用"被确诊"，但这个词强化了阅读障碍是一种缺陷、一种疾病、一种灾难的观念，总有一天我们可以找到治愈它的方法。正如我在引言中所说，阅读障碍并没有治愈的方法，因为它不是疾病！[①] 阅读障碍是一种特征，就像是男性还是女性，来自某地，或毕业于某所大学。任何这些描述都不是尽善尽美的，不是吗？你可以从今天开始，在自己的家里先改变这种说法，将"被诊断为阅读障碍"替换为"被确认为阅读障碍"。

撇开语义不谈，这种对不完美的担忧根深蒂固。父母通常害怕正式确认他们的孩子有阅读障碍，不想面对他们自己对这个问题的忽视。他们会因此觉得自己不是一个完美的保护者。如果你的孩子被认定为有阅读障碍，完全出乎你的意料，那么你并不是一个人。一个典型的 4 岁或 5 岁的阅读障碍儿童能够做到一直跟着旋律哼唱，掌握了儿童发展阶段的关键能力（走路、说话、画画），而且总体上做得很好。他（她）可能擅长运动并善于交际，甚至表现出了学习的天赋。然而，一旦开始阅读或写作，孩子似乎完全变成了另一个人。

---

① 编者注：临床医生建议，无论你认为阅读障碍是否是疾病，都要尽早意识到问题，尽早做必要的筛查，尽早介入干预。

阅读障碍使整个家庭陷入恐慌，所有的家庭成员都从充满期待变成随时为失望做准备。

在一年级或二年级时，当你听说原本完美的孩子"阅读速度慢"时，你最初可能听到的只是孩子比较"慢"，也就是说，"不如其他孩子好"，或者更糟的是，"他笨"。这种认定"本应该"听起来像"你的孩子需要眼镜"，但相反的情况是，因为我们对于"正常"如此执着，所以这句话听起来可能就变成"你的孩子有缺陷，她永远不会像你一样"。如果你给她提供正确的信息和工具，她就没有缺陷，并且会爱上学习。

此外，你也会担心其他人的看法。最近的一项由美国罗珀斯塔奇市场调查公司（Roper Starch Worldwide）开展的全国性调查显示，51% 的美国人同意"有时人们所说的特殊学习障碍实际上只是因为懒惰，并不是存在障碍"。因此，许多父母会回避对孩子可能存在的问题的所有怀疑，因为他们希望避免给孩子贴上"特殊教育"或"特殊学习障碍"的标签。

另一个常见的反应是，家长甚至不告诉孩子阅读障碍的问题，从而保护孩子免受这一词汇可能在学校中产生的负面联想，以及由此引发的负面情绪。一些家长告诉老师不要对孩子提起这件事，甚至为了让孩子摆脱这种基于标签的系统而让孩子在家上学。如果你存在这样的情况，我能理解你，但同时你也需要明白，这样做并不利于你的孩子。当孩子认为自己是一个糟糕的阅读者，或者是一个"无价值的人"时，可能他受到的伤害会更大。标签不是敌人，如果它描述了一组特征，并可以帮助你更好地面对未来，那么标签就很有用。要记住：准确地将孩子认定为阅读障碍，实际上是一条很有用的信息。

可以这样想：如果你要去徒步旅行，了解目的地的信息和即将面临的情况将有助于你为旅行做好准备。在雨季去印度徒步旅行，与去沙漠的行程会截然不同，在不同的地区需要不同的装备。对情况的忽视会让每个人的生活变得更加艰难。因此，正如确定徒步旅行的目的地很重要一样，确定孩子面临的挑战也同样重要，这样你才能带上合适的工具，使旅程更加顺利。此外，孩子们很聪明，出现问题时他们会意识到，如果你可以使用本书中总结的一些技巧直接与他们交谈，你将能够帮助他们消除与此标签相关的羞耻感，而不是避开标签却依然留下羞耻感。

担忧 2：担心我的孩子不聪明

我总是在父母身上看到这种担忧。通常，父母不愿承认他们对孩子有这种担忧，甚至对他们自己也是如此，但在他们的肢体语言和态度中，这种担忧却表露无遗。事实上，阅读障碍与智力无关。阅读障碍是一种生理特征。阅读障碍者在解读文本方面有一些问题，并不等同于有智力缺陷。

如果你的孩子只是视力不好，你会认为他笨吗？当然不会。"聪明"的整体概念是模糊的，是由社会来定义的，我们用"聪明"来描述一大堆特征，并带有自己特有的偏见，其中包括了学业表现，但"聪明"并不是影响学业表现的唯一因素。在本书的后续章节，你将会学习如何认定孩子的优势和劣势，并最终摒弃学校或周围社会强加的概念。

我敢保证，像巴顿将军（General Patton）和分子生物学家卡罗尔·格雷德（Carol Greider）这样的阅读障碍者，他们在生命中的某个时期也会被认为是"不聪明"的，但请你看看他们的发展又是如何。我并不是说你的孩子注定会成为一个伟大的将军，或是获得诺贝尔

奖的科学家，但你的孩子确实有潜力实现你的期待，并发展出属于
自己的希望和梦想。

担忧 3：担心孩子的智力发育受阻

许多家长担心，如果欠缺轻松阅读的能力，他们的孩子就无法
在智力上得到成长。这种担忧源于这样的逻辑——视觉阅读是通往
想象力和知识世界的唯一或最佳入口，也只有它才是让孩子获得快
乐和效能的有效途径。如果你以前是通过印刷物来学习的，你可能
会认为孩子会因阅读障碍而无法获得同样的思想和知识，这是可以
理解的。但是现在不一样，人们可以通过任何类型的媒介进行读写。
我们学习的、阅读的是思想，而不是纸上的文字，无论是用耳朵听
到的、用手指感受到的、还是用眼睛读到的思想，都可以被孩子获
取和理解。

> 我们学习的、阅读的是
> 思想，而不是纸上的文
> 字，无论是用耳朵听到
> 的、用手指感受到的、
> 还是用眼睛读到的思
> 想，都可以被孩子获取
> 和理解。

研究表明，对这类孩子的智力发展来说，让孩子更多接触语言比强迫他们用眼睛来阅读更重要，而且引入新词汇比教他们如何从书面上获取这些词汇更重要。这就是教育工作者希望父母们能在孩子可以自主阅读后的很长一段时间里，继续为孩子读书的原因之一。

有阅读障碍的孩子经常通过读给他们听的方式，理解和学习信息，即使这些内容超出了他们现有的智力水平。这是所有孩子都面临的情况，区别在于对于阅读障碍者，需要转换格式才能将信息输入他们的大脑中——他们的大脑已为学习做好准备，你只需要选择正确的途径。他们甚至能捕捉到极具想象力的小说的细节，途径可以是看电影、听有声读物或是你选择的任何其他分享方式。盲人也无法像其他人那样用眼阅读，但我们仍然相信，当他们用手指抚摸盲文版莎士比亚诗歌时，也是在学习。同样地，当我用耳朵听音频时，我也在"阅读"。

作为一个"非标准"读者，我同样能够拥有亲近文学的体验。除了有声读物，我还可以通过看电影或听音频获得这些体验。太多的父母执着于形式而不是体验，"我希望我的孩子知道，窝在床上看一本好书是什么感觉"。孩子可以，只要与有声读物或电影相伴，孩子就可以。孩子会享受到成人无法体会的乐趣，例如，在做家务时跟着超快语速的音频一起哼哼的快乐，或者在数百名听众面前脱稿演讲的愉悦。文字不是重点，文字只是工具中的一种。

担忧 4：担心孩子永远学不会阅读

学习阅读是学校教育的必要组成部分，学校正在使用一些有帮助的指导性视觉阅读计划，效果很不错；你将在本书后面的章节了解这些内容。视觉阅读是一项有用的技能，即使是很小的改进也将有助于提高孩子的整体独立性。然而，对于有阅读障碍的孩子，有时这种补救措施可能会失效，这时你可以试着关注更多其他的学习途径。

一个脊椎受伤的人，需要坐着轮椅四处走动。他可能会花大约一年的时间用于康复，最大限度地发挥身体的作用；然后我们必然要将重心转移到帮助他们适应生活和改造环境上——例如，建造轮椅通行坡道和降低水槽高度。而在阅读障碍的世界里，阅读常常被视为最重要的目标，即使当学习或生活的重心应该明确转移到其他事情上时，依然如此。

举个例子：不久前，我受邀参加国际阅读障碍协会的主席晚宴。一位与会者走到我身边，建议我参加她的暑期视觉阅读计划。"本，我能马上让你学会阅读"，她说。她的本意和许多老师一样，非常正确——她想要我成为一个独立阅读者。但她并不知道，正是通过从视觉阅读转向听觉阅读，我才得到了急需的独立性。

我不擅长视觉阅读。传奇的金融投资者和商人查尔斯·施瓦布（Charles Schwab）的视觉阅读能力也不好，有一些诺贝尔奖获得者和哈佛教授也因为阅读障碍而不擅长阅读。然而，他们每一个人都很成功，思维缜密，并在创新与思想的世界中有所建树。阅读障碍者的阅读水平总是远远落后于同龄人，我在视觉阅读方面可以与五年级学生竞争，但却永远无法与法学院学生相匹敌。让我在智力上与之匹配的方式就是不再受困于视觉阅读，并接受所有其他形式的"学习"。

阅读是一种非常私密的内在体验。因此，大多数阅读障碍者并不知道他们的阅读能力与同龄人相比落后了多少。例如，几年前我参加了一项成人阅读障碍的临床研究，从这次正式测试中得知，我的阅读速度仅为普通大学水平阅读者的1/5。因此，如果我的法学院同学平均每晚花 5 小时阅读，如果不使用有声读物，我将不得不花 25 小时来完成相同数量的学习。在明白这一点之前，我以为自己做得很好，但实际上我只是看不出自己落后到什么程度罢了。更糟糕的是，我认为问题在于我，而不在于书，我应该更加努力就好了。因此，在指导孩子时记住这一点很重要——即使认为自己能够跟上同龄人的步伐，也要了解自己落后了多少，同时意识到随着同龄人在视觉阅读方面的进步，差距会变得越来越大的事实。直到我自学了如何使用快速语音技术，才最终达到大多数非阅读障碍者所能达到的阅读速度，直到那时我的一切才变得好起来，直到那时我才意识到，我不需要像其他人那样必须通过阅读来获得成功。

担忧 5：担心孩子不会像我一样

我曾经遇到过一位名叫艾米丽的女士，她告诉我，她希望有阅读障碍的女儿能爱上读书。从我们的谈话中可以看出，艾米丽非常爱自己的孩子，而且她非常重视阅读和教育。艾米丽是一名小学教师，在学校里负责将英语作为第二语言的教学项目。对她来说，书籍是知识和创造力的有力象征。她想和孩子分享阅读的乐趣，更深层的原因是——她希望女儿成功。但我们的谈话清楚地表明，艾米丽希望女儿能够从事她本人喜欢的事，并由此与女儿建立共同点。当我指出这一点时，艾米丽同意了我的观点，并且开始专注女儿的优势，不再纠缠于她的劣势。

一个普遍的事实是，你的孩子并不会和你一样。他不会喜欢你喜欢的音乐，他不会和你喜欢同样的食物，随着孩子年龄的增长，他还可能会故意拒绝你推荐的任何东西，只是因为你喜欢——这种情况可能会持续一段时间！寻找自己的道路是成长的全部。当然，有段时间你的孩子会模仿你，看起来和你一模一样；同样地，他们肯定也会有叛逆的时期。但无论哪种情况，都不要错误地将视觉阅读的技能与智力、职业道德或家庭传统相混淆。相反，要专注于孩子正在学习的而且你也感兴趣的内容（而不是反过来），并努力找到能帮助孩子深入了解兴趣的方法。

专注于孩子正在学习的且你也感兴趣的内容，努力找到能帮助孩子深入了解兴趣的方法。

担忧 6：担心孩子重走自己的老路

我经常听到父母们说，与差异相比，他们更担心孩子和自己太像了。阅读障碍是一种遗传特征，那些经历过糟糕特殊教育的父母通常不愿意让孩子接受正式的确认。经典的场景——家里有阅读障碍的爸爸和没有阅读障碍的妈妈，妈妈在尽力帮助孩子，而父亲则强迫孩子去适应，成为"正常人"。我听说过一些家庭中的极端情况，有阅读障碍的父母会因为孩子不佳的成绩而实施身体上和情感上的惩罚，也许是想通过告诉孩子他的一无是处或愚蠢，来解决自己的问题。这种方式具有双重的负面影响——不仅孩子的成绩没有提高，家庭也成了一个充满敌意的环境，而不是孩子希望得到支持的地方。如果你或你的配偶曾接受过特殊教育，或者虽未被正式确认但曾因此在学校经历过创伤，你也可以学习本书的计划，赶走自己的羞耻感，与孩子建立归属感。

多年前，我妈妈不可能被常青藤盟校录取，因为他们不接收女性；如今，50% 的常青藤盟校都由女性担任校长。事实上，如今的确认方式或结果也不会让孩子重复过去那种特殊教育的创伤经历，你的孩子可以获得很多很棒的新工具和新途径，本书将一一列出。请把过去抛在脑后，专注孩子的未来。

担忧 7：担心孩子永远不会独立

当你将阅读等同于智力时，差不多就是将阅读等同于独立。相反，独立的关键不是阅读，而是培养心理韧性（resiliency）和情感技能（emotional skills）。我们需要认识到，不具备传统意义上的优秀阅读能力并不是世界末日。正如电影制片人史蒂文·斯皮尔伯格（Steven Spielberg）、歌手雪儿（Cher）和企业家理查德·布兰森（Richard Branson），他们都有阅读障碍，但没人会说他们不独立。

担忧 8：担心孩子永远无法适应

父母本能地希望给孩子最好的，认为这意味着被主流接受。同时，没有孩子希望自己被视为与同龄人不同的人。为了适应主流需要，有阅读障碍的孩子必须加倍努力才能跟上主流预期的最低要求。就像在水面上移动的天鹅：水面之上看似放松和平衡，但在水面之下，它们在疯狂划水。因为脑中始终有这样的画面，每当听到阅读障碍者为了掩盖无法阅读或写作而付出的巨大努力时，我从不感到惊讶。

我认识一个有阅读障碍的人，他为了避免填写相关文件，会在面试时在右手打上石膏，这样就不会暴露他的阅读障碍。而我的防御技巧则是带着提前制作好的简历，去面试一个十几岁的我就能申请的基础服务工作——停车场管理员或收银员。我知道，新雇主会递给我一张表格，并让我手写下我的姓名、街道、社保号码等。我知道自己肯定会写错一些信息，担心没有老板会雇用一个不会拼写街道名称或不记得老雇主名字的人。而我真正在做的是掩饰我的障碍——然而，越努力隐藏，我的羞耻感越源源不断地涌现。

从出生开始，社会就为我们每个人都配备了一套"行头"。我来自一个受过高等教育的家庭，因此我有——形象地说——量身定制的西装、熨烫过的棉衬衫和意大利鞋，还有一叠要分发的名片。我的阅读障碍朋友乔·斯塔茨（Joe Stutts）来自美国亚拉巴马州的农村，比我大25岁：他有一套连体工装服和一把铲子。我能够上法学院不是因为我的"西装"，而是因为乔·斯塔茨为阅读障碍所做出的努力。事实上，我认为他做出了非常重大的贡献，他通过不断的努力赢得了联邦法院的诉讼，而该案件的起因正是将阅读障碍列入了残障系列。所以我把这本书献给他。你将在第7章中了解更多关于他的事迹。

没有人能轻易适应预设的角色，有阅读障碍的人会更难适应。回到服装的比喻，我们花了这么久的时间，努力把自己塞进一条过于紧绷的长裤里。有些人会告诉你，只要减掉足够的体重或者让大腿变细，这条长裤就合身了。但为什么没人告诉你，其实只需再找到一条舒适且实用的长裤即可。

担忧9：担心人们的评判

父母也希望融入自己的同龄人群体，当朋友炫耀他们的二年级孩子正在阅读难度更高的章节书时，你很难说出口："我儿子这周在识字方面取得了很大进步！"学校管理人员曾向我透露，有些父母甚至与其他不断吹嘘孩子成功的父母断交了，或者更糟糕的是，父母向孩子施加过度的成功压力，只是为了让父母在社交场合不会感到尴尬。

在一个完美的世界里，我们会赞美所有孩子的长处，早期的章节书阅读能力、歌唱能力，或完成大型拼图的才能具有同等价值。不幸的是，当你谈论学校时，人们更关心标准的阅读能力。通过这本书，你将学习如何识别孩子所有的惊人优势：如语言表达才华（verbal wizardry）、非凡的人际关系能力、空间记忆力，或最重要的，能为创业与人类潜能的拓展蓄能的心理韧性。

你和你的孩子并不孤单，了解这一点是你踏上旅程最重要的第一步。事实上，意识到自己是更大社群的一分子，对于让你的孩子成长为一个完全整合（integrated）的①、快乐的和独立的人至关重要。鉴于你的孩子是阅读障碍国的公民，你将会遇到许多和你一样的父母，不再感到那么孤单。

> 意识到自己是更大社群的一分子，对于让你的孩子成长为一个完全整合的、快乐的和独立的人至关重要。

① 译者注：自我整合是心理学家爱利克·埃里克森（Erik Erikson）自我发展理论中的一个概念，埃里克森认为，青春期的主要挑战是如何整合自己的各种特质，明白自己想要成为怎样的人，适合成为怎样的人。如果可以完成自我整合，就可以拥有对自己作为一个独立的人的自我认识，既能保持自己的独特性，又能为社会所接受；而如果没有充分整合自我，就会留下一个破碎的、不清晰的自我认知。

创建社群：你不是一个人

父母接纳自己的阅读障碍并将其融入日常活动中，这对可能同样有阅读障碍的孩子来说是非常有帮助的。在你自己的家庭中创建这种小型社群，是你可以做到的能够帮助孩子的最重要的事情。

与阅读障碍相关的羞耻感始于孩子与父母的关系。当孩子还小的时候，他们相信父母是完美无瑕的。如果父母一方不能很好地阅读，却不会因此感到不自在，他（她）可以对孩子说："我们来一起读一本书。我很难读出单词，所以今晚我们要坐下来听音频，同时阅读纸质书。"你可以在孩子只有三四岁的时候开始与他这样聊天，如果对现在的你来说这还是一个新概念，那么以后可以试一试。这些简单的陈述与行动，可以极大地帮助消除与阅读障碍相关的羞耻感。

如果一个孩子在学校里苦苦挣扎，在操场上被欺负，认为自己读书不努力很糟糕，那么他（她）需要家作为一个安全的空间。回到家批评他不够努力的父母，会让孩子躲避你和他自己；正是在这些孤独的时刻，才会发生最严重的情感伤害。

与你的孩子谈论阅读障碍绝不是一件很轻松的事。在我人生的前 30 年里，我一直在隐藏我的阅读障碍，所以我很清楚这对很多人来说很难。我的一位好朋友，是特殊学习障碍的公益人，最近当他得知自己的孩子有阅读障碍时，哭着打电话给我，说他害怕他的儿子会遭受他曾经历过的那种折磨，更害怕向儿子承认他自己也有阅读障碍。然而，他后来完全面对了现实，现在他们建立了一个家庭社群，专门讨论这个问题；他们还形成了一个叫"故事时间"的家庭传统——父亲和儿子在家里一起听大声播放的有声读物。

即使你的直系亲属中没有阅读障碍，你离核心群体也可能仅几步之遥。为你的孩子在社群中找到一个榜样是非常重要的，这些榜样可以是自律但有阅读障碍的亲属，或者是没有亲属关系的阅读障碍成年人。我认识一个男孩，当他的祖母对他说"欢迎来到俱乐部"时，他感觉好了很多。

我最喜欢的一个组织叫作灵犀计划（Eye to Eye），这是一个国家级指导计划，将有特殊学习障碍的大学生与有特殊学习障碍的年幼孩子结成对子。他们不仅在社群之中，还在社群之间形成合作，在不同城市的学员群体之间开展笔友计划，并在世界各地创建像他们一样的学生社群。我将在第 7 章中介绍更多关于他们的信息。一位项目协调员告诉我，当一个参加灵犀计划的小学生听说笔友项目时，孩子说："等一下……你是说还有其他孩子和我们一样？我以为只有我们这样。"我可以向你保证，即使你的孩子没有用语言表达这个想法，他也很可能是这样想的。孩子们不会知道每所学校都有特殊教育，也不会知道 35% 的企业家有阅读障碍，或者家族里也有人是阅读障碍者——除非我们主动与他们谈论这些事情。

为未来的成功奠定基础：父母的目标

作为父母，你的主要目标是不断地告诉你的孩子，一切都会好起来的，因为在你的帮助下，一切都会变好。我知道传递这个信息并不总是那么容易。我来自一个文化水平很高的书香家庭：我的父亲是大学教授，我的母亲发表过学术文章。虽然此后在我的大家庭中也发现了有阅读障碍的亲戚，但在我成长的过程中，阅读障碍的遗传性并没有得到很显著的体现，所以我的父母并没有在我身上寻找遗传特征方面的原因。

作为父母，你要不断地告诉你的孩子，一切都会好起来的，因为在你的帮助下，一切都会变得好起来。

　　我的父母曾经的一段经历，为他们日后与"非传统学习者"打交道做好了准备。在我出生前，他们曾是和平队（Peace Corps）的志愿者，并在尼日利亚生活了多年。他们有足够的社会阅历，知道几乎做任何事情都不是只有一种方法。这种人生哲学是我成功的一个主要因素，因为我已经放弃了人们普遍认为的准则。在不同文化中的经历，让我的父母能够从我的角度看待我的世界，对此我永远感激不尽。

　　我的父母一直认为我是一个有价值的人。他们意识到阅读障碍不是不良行为的借口，并且设定了我必须遵循的准则。但当我做出不当行为，比如在课堂上打另一个孩子，对他大喊大叫时，他们知道应该深入了解究竟发生了什么，而不是直接认定我是一个态度有问题的、难以相处的孩子。他们知道我很有主意，有自己的想法要表达。他们能够看到，作为阅读障碍者以及因此在学校被排斥的经历让我备受折磨。他们认为我并不需要变成某种特定的样子，这让他们可以爱我本来的样子。我妈妈曾经告诉我："你安然度过这一切，对我来说非常重要。"

我并不需要变成某种特定的样子，他们可以爱我本来的样子。

　　我的父母以多种不同的方式证明了这一点，无论是关于阅读还是在阅读之外。他们通常都支持我的独立性，并允许我做我自己。这甚至表现在我第一次理发时。在我三四岁的时候，我妈妈带我去了镇上的理发店，店外面有一根理发店三色柱，店里有几把破旧的皮革座椅和存放在蓝色液体中的梳子。店主让我坐在垫着电话簿的椅子上，并给我披上披肩，转向我妈妈问："想剪成什么样？"我妈妈反过来问我："本，你想剪成什么样子？"我回答说："我不想剪头发。"在确认我确实不想理发后，她付钱给老板，并带着我准备离开。理发店老板惊讶地说："你竟让一个 3 岁的孩子做决定？"妈妈看着他说："这是他的头发。"

　　当我长大并且对我在学校的劣势感到越来越沮丧时，我的父母认为锻炼身体似乎是解决问题的好方法。他们带我参加各种运动选拔或活动：排球、足球、长曲棍球，我们甚至还参加了西非舞蹈节。

他们不断寻找机会，直到我找到自己的激情所在。

当我发现自己不是街区里跑得最快的孩子时，他们解释说这是你无法改变但可以善用的事情。妈妈建议我应该尝试做守门员，而不是完全放弃足球。她注意到我可以很好地在三维空间中移动，发现我在那个位置上表现出色。多年后，高中生的我作为守门员，成为州冠军季后赛的 MVP（最有价值的球员）。如果当时我的父母没有帮助我找到另一条路，我的速度又不够快，我很可能已经放弃足球了。他们意识到成为团队一员的重要性，同时明白每个人都需要找到自己擅长的领域。

在我成长的过程中，足球在美国还不是主流运动，但在新罕布什尔州的汉诺威，我们的教练拥有 13 个州冠军头衔，而对于学校来说，最大的比赛是与隔壁城镇的足球比赛。赢得那场比赛会让你的照片出现在一份覆盖周围 10 个城镇的报纸体育版块的显著位置，而赢得州冠军可以让你的照片登上头版。成为这种团队中的一员让我在高中"地位显赫"，这让我每天早上能够更轻松自在地走进学校大门，即使我知道我在同龄人中会获得最低的 SAT 考试分数。

每当我发现感兴趣的事情时，我的父母都会支持我的兴趣，即使他们自己对此并没有多少兴趣。我一度对中世纪的东西很感兴趣：战争、龙与地下城。我建造了小型的城镇模型和弹射器。我爸爸和我在中世纪主题的电脑游戏里是一个战壕的战友，他还帮我把软木粘在一起，制作可以征服任何微型堡垒的护城河桥。

他们还努力帮我寻找并检验适合我的学习方法，这一点非常重要。当我读二年级时，他们发现我在文字方面有困难，便找到一位学习专家对我进行评估。专家发现我是一个听觉型学习者，即通过听觉学习的人，我的父母抓住了这个信息。虽然我父亲最初反对我

> 每当我发现感兴趣的事情时，我的父母都会支持我的兴趣，即使他们自己对此并没有多少兴趣。

看电视，但我母亲辩解说电视是我的一个重要学习工具，因为对我来说，听和看（内容）比读（页面上的单词）更加容易。

我海量收看了探索频道（Discovery Channel）、美国公共电视网（PBS）的《经典剧场》（*Masterpiece Theatre*）和新闻。是的，我也看了《特种部队》（*G. I. Joe*）和《变形金刚》（*Transformers*），但我妈妈明白每个人都需要一种有罪恶感的享乐，她知道我大部分时间都在用电视学习，她意识到我想要获得知识，并且看到我可以从电视中获取知识。我父亲接受了这个观点，并最终赞成我通过其他的方式学习，甚至还和我一起用黑胶唱片收听了《银河系漫游指南》（*The Hitchhiker's Guide to the Galaxy*）的原版电台广播。

今天，许多家庭的争论聚焦在孩子玩电子游戏（网络游戏）的时间上。像我父亲一样，父母们可能会担心孩子会因为一直玩游戏而落后于其他学生。但正如我父母所了解到的，重要的是内容的性质，而不是形式。有一些儿童游戏适合在电脑上玩，也是很棒的学习方式。仔细看看你的孩子在玩什么，如果他允许，试着和他一起玩。我不是仅仅指那些教孩子学习拼写的教育类游戏，也不是在谈论那些第一人称视角的射击游戏。我说的是孩子们喜欢的、需要学习技能的游戏。他们在玩《我的世界》（Minecraft）时，是否掌握了三维思维技能？他们是否正在研究如何制定预算，通过投资数字基础设施获得延迟满足，就像在《过山车大亨》（Roller Coaster Tycoon）这款游戏中所做的一样？随着时间的推移，游戏会不断变化。为了了解孩子玩的游戏，你需要花时间了解他为什么玩游戏。

像成年人一样，你的孩子也想花一些时间通过游戏来放松。也许你会读网络小说或收看棒球比赛——我们都需要那种放松的时间，但是你和我不会一直这样，平衡好时间会帮助你的孩子茁壮成长。最重要的是，如果你觉得有必要和孩子谈谈，做出改变——例如，限制玩这些游戏的时间——与他讨论并为了改变共同努力。糟糕的家庭环境会进一步孤立孩子，并会对他的学习造成不利影响，而这正是父母应该尽力避免的。如果孩子觉得自己受到了攻击，他会做出反击，无论是在家或学校，你都无法让孩子发挥出自己最好的一面。

我的父母完成了非凡的工作，他们帮助我找到获得成功的方法并一直支持我。对我的童年，我母亲唯一感到遗憾的地方是，她本不应该在那么长的时间里，一直执着于我的阅读学习。她一直在我生日的时候送书给我，直到我 20 岁的时候依然如此。我小的时候，她帮助我专注于阅读技巧是正确的。但是到了四年级，大多数学生已经从学习阅读转变为阅读学习，她仍把书本当作唯一的学习形式，或者至少是对这种方式给我带来的痛苦视而不见。直到我 25 岁那年的圣诞节早上，我气坏了，以至于和妈妈制定了一条硬性规定："不许送书给本（作者本人）！不要摄影书，不要旅行书。我讨厌书，让它们离我越远越好！"

如果你是一个主流意义上的读者，当你读到这里时，可能会感到尴尬，下意识地想："他这样会失败的！"我失败了吗？我在大学的学分绩点为3.9，是罗德奖学金的全美国决赛选手，并因赢得不列颠群岛辩论赛冠军而被英国皇室邀请到白金汉宫。我很勤奋，也很有想法，但那时我确实讨厌书，因为我无法与它们产生联结：它们象征着我做不到的一切。今天，我的妈妈终于意识到，鼓励我热爱书籍与帮助我学习完全不是一回事。你不需要追求完美——没有父母是完美的——但了解关于你的孩子以及学习的基本事实，对整个家庭来说都是最好的。

> **我的妈妈终于意识到，鼓励我热爱书籍与帮助我学习完全不是一回事。**

建立紧密联系：学校的作用

在我年幼的时候，我的父母与我的学校合作紧密，不仅为我的课堂学习寻找支持方案，还确保学校在帮助我成长的过程中，会将我的阅读障碍考虑在内。

六年级时，一个男孩搬到了我们镇上。他来自澳大利亚，不知出于何种原因，我讨厌他。一天在体育课上，我把球扔到了他脸上，很明显我是故意的。我妈妈接到副校长的电话后，不得不来学校接我。后来，她跟我说这件事时，态度很严厉。我承认我不应该这样做。

我向那个孩子道了歉。

两周后，我又打了这个孩子。

这一次，校长罚我不许上课，让我在她的办公室里坐了一下午。当然，我母亲知道，对于希望通过这种方式从阅读和写作中得到喘息的我来讲，这并不是个能起作用的好方法。"为了不用上课，本还会打那个孩子，"她向学校解释说。最后，他们一致反对我参加即将到来的科学博物馆参观，这对我来说才是一个糟糕的后果。

通过这件事我意识到，我妈妈相信良好的行为很重要，而我需要知道打人是不对的。她向学校管理人员解释我的做法，并找到合作的方式向我传达这一信息。从那时开始，我再也没有打过那个孩子，而且不当行为也少了很多，因为我知道我生命中的关键成人很清楚我在想些什么以及我想做什么。

在思考阅读障碍儿童的行为模式时，记住这一点尤为重要。制造麻烦、在课堂上开玩笑，甚至打架，通常都是逃避阅读的策略。了解孩子不当行为的动机，并设法消除行为背后的根本诱因至关重要。如果你可以让有阅读障碍的孩子，通过文本之外的其他方式学习，同时仍然为其行为设定高标准，你可能会获得更好的结果。

了解孩子不当行为的动机，并设法消除行为背后的根本诱因至关重要。

在我的成长过程中，我的父母曾与一两位老师发生过冲突，因为他们给我的学习设置了障碍。其中一位相处起来比较困难的老师是我高中的法语老师。这位老师强调，我需要在学习法语的第二年掌握法语拼写。事实上，我在学法语的第一年表现出色，因为入门级语言课程是在听觉环境中展开的。

在第二次考试考砸后，我妈妈被老师叫到了学校。她告诉老师，我有阅读障碍，希望老师不要要求我拼写单词。老师坚持说，她不会降低她的高标准："所有学生都学会了二年级法语拼写。"我妈妈无法让她明白：我连英语拼写都没办法解决，更不用说法语了！那年年底，我最终退出了法语课，并在下一年开始学习西班牙语（因为第一年的西班牙学习全部是口头教学的）。但在那之后我就完全放弃了学习外语。在这个过程中，我没能得到这位法语老师希望我拥有的东西——她最喜欢的坚实的语言基础——更不用说热爱它了。如果老师能因为我的技能类型而接受我，我在法语课上的经历可能会完全不同。

放下担忧和羞耻

几年前，我在一个关于阅读障碍和教育的重要会议上发表演讲，但在活动当晚，我感觉到不舒服。在上台之前，我服用了几片泰诺（Tylenol），但状态并没有好转，反而感觉更糟了。于是我在演讲后服用了更多的泰诺。第二天早上，我无法从床上爬起来。4天后，在服用了一整个星期的药丸后，在我第10次看药瓶时，才注意到，我服用的是泰诺安（Tylenol PM），这种药含有一种抗组胺成分，其作用类似于温和的镇静剂。虽然仅仅是2个字母之差，却有巨大的不同！

如果这件事发生在大学时代，我肯定会生自己的气。我内心的独白会是："我怎么会这么蠢？如果我当时读了药瓶上的标签，我就能把演讲搞定。愚蠢，愚蠢的本！"更重要的是，那时的我肯定不会将这件事告诉任何人，但这一次我觉得这件事很好笑。走出酒店，我遇到了一位高级研究员和一位机构的董事会成员。我用晕晕乎乎的自嘲口吻把整个故事讲给他们听，他们觉得简直太有趣了：当晚的阅读障碍代言人的阅读障碍如此严重，以至于他在给大家讲述阅读障碍之前，竟先给自己下了安眠药！

小错总是不断。我预订了从错误的城市起飞的航班，或去了错误的航站楼，因为我读错了打印行程单上的信息。虽然这可能存在重大风险，如服错药物，但在大多数情况下，我都有一套运转良好的系统来降低这种风险。我的电脑会为我大声朗读文本，或者我会向我的助手寻求帮助。当你的孩子还小的时候，你可以通过与他一起仔细核查文本，并协助他使用文本系统来帮助他获得独立，我们将在第 6 章的内容中详细叙述相关内容。但这些系统并非完美无缺。我不能保证你或你的孩子在阅读本书后不会再犯错。实际上，我保证：有阅读障碍的人在拼写和阅读方面会持续出错，无论他们接受过什么样的训练。任何告诉你相反信息的人都是在骗你。但是我向你保证：如果你对自我接纳和社群持开放态度，你和你的孩子会很快振作起来，并与他人建立更多联系。由此产生的心理韧性将为你和你的孩子打开一扇前所未见的大门。

第 2 章
消除错误观念

很多人认为阅读障碍等同于"笨"和"懒"，我是从我个人的学校经历中知道这一观点的。当我们推出英特尔阅读器（Intel Reader）时，媒体中也出现了铺天盖地的类似报道。在我们获得大量正面的媒体报道（包括《华尔街日报》和《纽约时报》的好评）的同时，来自知名科技网站"瘾科技"（Engadget.com）的评论文章却这样评价英特尔阅读器："英特尔阅读器——专为懒惰和病残之人朗读书籍"。

看到这篇文章的时候，我十分震惊。首先我要郑重声明，阅读障碍肯定不像文章中暗示的那样——是一种疾病。虽然作者在文中表达的是，盲人也可以使用这个阅读器（顺便说一句，盲人也没有生病）。但是，他在标题中说阅读障碍者懒惰，这是让我最不能接受的地方。说一个人懒惰是对其品格的攻击，暗示他本可以更坚持、更努力。这相当于说，社会不值得花时间去帮助这样的人，失败是他咎由自取。如果一个人对坐在轮椅上的老兵或失明的祖母说出这种话，我们一定会指责他，然而，因为阅读障碍看不见摸不着，这种荒谬的谎言才被一再重复并为人所相信。

经过一番认真思考，同时也意识到他们并没有撤回文章的计划，我在博客上发表了一篇文章表达"感谢"，并用实际例证来说明"标题党"的奇怪益处——真的有人会相信这些胡言乱语。标题是有形的，我可以用它来证明误解是真实存在的。

除了被冒犯的痛苦，被认为懒惰是最具侵蚀性的误解，因为它是最不符合事实的——大多数阅读障碍者付出的努力，是非阅读障碍者的3倍之多，而这只是为了能够获得一个B-的成绩，但是一个没有阅读或书写障碍的人很可能付出同等努力，就能获得A的成绩。有人说有阅读障碍的孩子"只是没有付出努力"，这种批评严重弱化了阅读障碍者努力的程度。我可以保证，你的孩子比班上的大多数孩子都更努力，尤其是当你觉得勤奋似乎可以掩盖阅读障碍这个问题的时候。

我可以保证，你的孩子比班上的大多数孩子都更努力。

不管你对阅读障碍有多深刻的了解，你仍然要面对很多对阅读障碍有误解的人，他们中的大多数人都没有读过这本书。未来你可能会遇到一些机构和人，他们早早就在心中预设了阅读障碍的模样，而很多都是不符合事实的。

下面列出了我遇到的一些最常见的误解，以及为什么它们是错误的，如果不加以纠错，它们的破坏能力巨大。

误区 1：阅读障碍者会拉低班级的教学标准

纠错：传统的标准也许是错的

选择每周对学生进行拼写训练的老师，可能认为自己要负责为孩子在技能和学习技巧方面做好准备，以期望孩子能在未来几年甚至一直到大学都取得好成绩，老师会坚持自己的方法，因为她认为这些方法一直很有效，也会强化"考试成绩高就等于智商高"的观念。虽然他们可能会在你谈论如何适应阅读障碍时点头认同，但对他们来说，改变自己的做法没有任何好处。根据他们的说法，这不是"正确的方式"，改变可能只是口头上的。

高学术标准衡量的东西不见得是正确的。一个有趣的类比是棒球。多年来，评判一个击球手的主要方式是他的安打率——他每次上场得到安打的机会。但是，得到安打只是上垒的一种方式，获得四坏球保送或者触身球也能上垒。所有这些因素，包括能够判断对方投出来的球的好坏和击球的能力，指向另一个衡量击球手能力的指标，即上垒率。正如《点球成金》（Moneyball）一书（及其同名电影）中所述，从20世纪90年代和21世纪初期开始，当奥克兰运动家队和波士顿红袜队在使用这些更全面的统计数据来挑选球员时，他们开始获得前所未有的胜利。

再回到学校，宾夕法尼亚大学的一项研究得出的结论显示，SAT分数预测大学生在学校的学分绩点（GPA）的准确率不到4%。换言之，在预测一个人在大学的成就时，SAT分数错过了96%的真正的重要因素。实际上，在美国，现在的趋势是越来越多的大学不再将SAT分数作为衡量大学入学申请者的指标。2021年，加利福尼亚大学正式宣布在审核入学申请或奖学金申请时，将不再考虑SAT分数。贝茨学院[①]于1984年将SAT列为可选测试，经过5年的相关研究，于1990年彻底放弃将SAT分数作为参考指标。贝茨学院在研究过程中发现，那些在申请时提交SAT成绩的人成功毕业的可能性只增加了0.1%，而平均来说，他们的GPA仅比未提交SAT成绩的同龄人高0.05。在贝茨学院，招生人员仍然凭借各种方法来评估学生在大学里表现出色的可能性，只是他们发现，学生的高中成绩、推荐信

---

① 译者注：贝茨学院（Bates College）是一所位于美国缅因州的顶尖的文理学院。

和论文比静态的测试更能准确预测其未来在大学里的表现。

同样地，一个老师坚持让她的七年级学生每晚做 5 小时的家庭作业，这样做看似很有效果，因为她的学生中有 25% 进入了一流的大学。是的，有些孩子会考上大学，这就像中世纪的医生用放血疗法来治疗病人一样，有些病人会好转，但长时间的家庭作业和放血并没有带来成功的结果。

衡量学生的抗压性或主动性，也许更有可能选出真正的赢家。因此，如果有人向你暗示，让你有阅读障碍的孩子进入主流课堂就意味着拉低学校的教学标准，你可以以此说明，也许有更好的方法预测每个人的未来发展，你正在努力寻找这一方法，而现行标准往往才是问题所在。我们想让课堂上的每个人都能成为更好的学习者，想弄清楚那些可以衡量长期表现的重要品质。

> 也许有更好的方法预测每个人的未来发展，现行标准才是问题所在。

误区 2：你的孩子能被治愈

纠错：无法治愈，但有办法找到另外的赛道

许多成年人会说"我曾经有阅读障碍"，以此与阅读障碍保持距离。另一种常见的说法是："我仍有一点阅读障碍。"第一种表述暗示他们找到了治愈的方法，第二种则承认自己还有点缺陷。这两种情况的同一含义是：这是可以康复的病症或可以修复的系统故障。

确实，一些因阅读障碍而难以阅读文本的人，会随着时间的推移提高他们的阅读能力。但与主流人群相比，他们永远追不上中上水平的视觉阅读能力者。现在，在页面获取单词的速度方面，我可以跟上五年级的视觉阅读者，但我早已不是五年级学生了。我可以在研究生院与班上最优秀的学生一起思考和交流，但有一半时间我都无法拼写"研究生"这个单词。这里的关键挑战是：那些认为需要与阅读障碍保持距离的人，仍挣扎于羞耻感的泥淖中。他们想躲避那个标签，"我曾经有阅读障碍"是一种逃避标签所附带的假设的方法。

有些人不接受"阅读障碍"一词的另一个原因是他们出生的时间。在 1975 年之前的美国，筛查阅读障碍并不常见，因为阅读障碍是一个不太容易理解的学习问题。在那个时代，老师告诉孩子们不要再偷懒了，也不要为了逃避努力而假装自己的阅读能力有问题。如今，一批经历过那个时代的成年人，内化了自己不存在（可识别的）问题这一想法（并且可能真的认为自己是懒惰的或愚笨的），因此最好不要这个标签。这可能就是在面对自己孩子被打上标签时，他们感到不舒服的原因。

年轻人可能会在这方面略有不同。阅读障碍并不是显而易见的问题，人们很少有具体的证据证明他们有阅读障碍，进而怀疑自己是阅读障碍俱乐部的一员。和我们通常的想法不同，有些人之所以拒绝被称为阅读障碍者，是因为他们觉得，用这个词来形容自己就像是一种自欺欺人。羞耻感常常是抵制或接纳阅读障碍的核心，但如果能获得正式的界定，他们其实能做得很好，如第 3 章所述，他们可以从此开始整合自己的优势和劣势。

由于技术的进步，包括有声书、智能手机上的语音助手，（如苹果手机的语音助手 Siri 以及诸如英特尔阅读器之类的音频设备的诞生，视觉阅读或拼写的问题不再是取得成功的主要障碍。在这个通过文本访问数据与通过语音访问数据之间的界限几乎已经消失的时代，修复或治愈阅读障碍是一个更加荒谬的观念。"书面"文字无关紧要，重要的是"语言"，无论是说出来的、用文字呈现的，还是由计算机合成的，对于有阅读障碍的孩子（和成人）来说，技术的进步让获取知识就像打开手机和收音机一样便捷。我已经知道（他们同样需要知道）要调到哪个电台、打开哪个手机软件。如果你的孩子有阅读障碍，如果你的孩子尝试以主流方式学习——坚持用视觉阅读——他将会严重落后，并会在某些时刻发现，以这些方式来阅读是非常无效的。但是，有了合适的教室辅助设施，你的孩子就能够学习——尽管他的做法可能看起来与班上其他孩子的做法有所不同。

误区 3：视觉阅读是最好的学习方式

纠错：没有最好的方式，只有更适合的方式

让阅读障碍者感到羞耻的一个主要因素是，他们认定视觉阅读是最好的学习方式。人类在语言方面的能力是天生的，并且已经存在了数万年。婴儿会在出生后大约一年内开始说话，有些人还没开始走路就会说话了。然而，作为语言表征和学习系统的文本却只有大约五千年的历史；此外，直到最近一千年，大多数文字还都是手

对于阅读障碍人士来说，技术的进步让获取知识就像打开手机和收音机一样便捷，阅读或拼写的问题不再是取得成功的主要障碍。

写的，随着中国的印刷术传入欧洲，大约 1450 年，当约翰内斯·古腾堡（Johannes Gutenberg）发明印刷机时，印刷文字才得以普及。就在过去的一百年里，我们还在期望让大多数儿童都能享受免费的公立学校教育；而只是最近六十年以来，从具有里程碑意义的最高法院案件"布朗诉教育局案"以后，我们才开始坚信，所有儿童都应获得平等的教育机会。

当我碰到有人专注于（从情感上或习惯上）把书籍作为最好的学习方式时，我通常喜欢以盲人为例来说明其逻辑出错的地方。如果有人在 18 岁时失明，我们会因为盲人无法通过传统途径学习，就不让他们上大学吗？不，我们会通过盲文或有声读物让他（她）获取所需的材料。如果她能用眼睛看书，会更容易吗？确实是，但这也要看情况。楼梯并不比坡道更适合进入高层建筑，但几个世纪以来，我们一直将楼梯作为主流方式。我们一致认为公共建筑等场所也应该设置坡道，同样我们也需要将这种灵活性扩展到生活的其他领域。

视觉阅读不是唯一的学习方式，我们还可以接受其他的选择。通常，学生可以在 4～5 年内掌握视觉阅读。我们从幼儿园开始教孩子们学字母表，到 4 年级时，我们就假定学生可以"通过阅读来学习"，而不再需要"学习如何阅读"。我完全相信所有阅读障碍儿童都应该努力学习阅读，例如，奥顿·吉林厄姆（Orton Gillingham）阅读教学系统能够提供一流的支持（你将在第 6 章中了解更多相关信息），当然同时引入听觉阅读和其他的学习形式也很重要。

视觉阅读不是唯一的学习方式。

我父亲还记得很多我小时候更喜欢用听觉阅读而不是视觉阅读的例子，尽管当时的我无法表达出来。放学后，我回到家，常常扑通一声坐在沙发上，放上我珍爱的一张巴兹尔·雷斯伯恩（Basil Rathbone）朗读经典文学作品的唱片，如《金银岛》（*Treasure Island*）或《彼得与狼》（*Peter and the Wolf*）。正如我父亲说的那样，他会看到我脸上的紧张感消失了，我的眼神逐渐变成了一种专注但平静的凝视。他还回忆说，每当他给我读书时，我是多么的兴致盎然。我至今还记得，我从他给我读的经典小说《时间的折皱》（*A Wrinkle in Time*）中，知道了线粒体——细胞的能量动力源。

作为一个成年人，我适应了更快的聆听方式。我花在学习听觉阅读上的时间和大多数人花在视觉阅读上的时间一样多，这意味着我现在用听觉阅读比大多数人用视觉阅读的速度更快、时间更长，从而为自己创造了能与其他人公平竞争的条件。

关键的一点是，如果将阅读等同为学习，将学习等同为阅读，阅读障碍学生该怎么办？想象一下，如果我们把整个学校的焦点都集中在唱歌，有一些学生会接受并茁壮成长，而另外一些人则会陷入挣扎。如果我们一直告诉所有的孩子，必须要把歌唱好，慢慢地，我们就会让唱不好歌的学生受到伤害，他们会认为自己很糟糕。

误区 4：你的孩子与其他孩子的成长速度不同

纠错：孩子的不同源于神经多样性

那些不熟悉阅读障碍或不愿积极提供特殊支持的人，最常用的一种回应是："告诉你，你的孩子只是成熟得慢一些，他会像其他孩子一样学会阅读，给他几个月的时间。"的确，儿童在不同年龄段都会发展阅读技能，但阅读障碍是大脑生理差异的反映（人的神经多样性），与成熟度无关。像第3章提到的阅读障碍评估，以及由专家开展的正式测评，都能够区分哪些是标准的阅读学习曲线，哪些是特殊的阅读障碍现象。

误区 5：最好把问题隐藏起来

纠错：说出来，换种方式接纳自己

尽管我的父母很支持我，我也被确认为阅读障碍，并在学校得到了学习支持系统的帮助，但在生命的大部分时间里，我还是把阅读障碍隐藏在一个暗盒里。当我最近去参加法学院聚会，并告诉别人我正在写这本书时，即使是我的密友们也不知道我为什么会对阅读障碍如此感兴趣。

在我学会将阅读障碍融入余生之前，我一直在对世界、对自己撒谎，这最终对我造成了伤害。每一次经历失败时，我都会对学校和自己生气，因为我知道我可以有远大抱负，但无法拼写或（用眼睛）阅读。早些时候，我发展出了精心设计的伪装方法来隐藏真实的自己。我记得第一次使出这个方法是在三年级，我每天放学后都会去图书馆，但我会直接下到地下室，因为那里保存着广播节目的黑胶唱片，这是唯一能轻松进入我脑子里的内容。

有一天，我在图书馆看到一张书签设计比赛的海报。海报上说，最佳设计师的照片会被张贴在图书馆的墙上。获胜的书签设计也会被印制出来，分发给当年进入图书馆大楼的人。这是我混入"聪明人"中的一个机会。

我画了一张有核桃夹子和核桃的书签，上面写着"失去自己的位置让我发疯"（见图 2-1）。这是我小时候最自豪的一刻。

图 2-1　核桃夹子和核桃书签

2012 年，当我为了证明自己的阅读障碍而自豪地将其展示给一个朋友看时，他注意到书签上有个单词拼错了，直到那时我才意识到这一点。我在想，当时的评委是不是认为这是我的某种玩笑呢？不管怎样，我赢得了奖项，拍了照片，并被张贴在图书馆的墙上、刊登在本地的报纸上。然而，事实却是我从未读过一本书，我只是想赢得那次比赛，这样我就可以证明我爱读书。这在当时似乎是我保护自己的一种重要方式。

30年后，我看出自己当时说的是大实话：失去自己的位置确实让我发疯，这是每位阅读障碍者在读书本上的每一句话时所经历的感受。但当时它被视为了可爱的儿童文字游戏："本一定有不错的读写能力。"当然，我认真地确认过我的名字不是用潦草的字体写就的，而是用标准字体清楚地写出来的。当你试图宣传自己完全是"书籍世界"的一部分时，艺术家式的难以辨认的潦草字体没有任何价值。

时间快进到我15岁的时候。我试图进入校足球队，因为我知道这会让我获得在教室里得不到的赞美。在试训的混战中，我被调动得离自己的防线太远了，一名前锋轻轻一踢，球就从我的头顶上掠过，进了球门。我太生气了，生自己的气。当比赛交换场地时，我站在那里愤怒地尖叫起来，我能感觉到脚下的大地在崩塌，我掉进了深渊。做个超酷的孩子——做不成了，让我的名字出现在报纸上——不见了，永远不被欺负——功亏一篑了，早早下课玩游戏——没机会了。当没有人看我时，我转过身使出全身的力气，一拳打在球门柱上。冲击力折断了我右手无名指的指关节。我脱下手套检查情况：断裂的骨头向上凸起，拉伸着皮肤。我又戴上了手套。这是我摆脱羞耻感的一种方式。我走到球场边，非常平静地说："嘿，教练，我想我在上半场比赛中伤到了自己。"当我被送往急诊室时，尽管我向父母谎报了受伤的原因，但我知道自己在做什么：我找到了一个身体上的原因来解释我为什么失利。我知道我的同学会因此讲我有多坚强，而不再关注我比赛中的失误。尽管我的策略是完全错误的，但在当时，这种以自我伤害来保护自己声誉的行为，让我感到自豪。

我总是从"阅读障碍国"居民那里听到这样的故事。那个十几岁的男孩，骑着摩托车冲进迎面而来的车流，向他的朋友们证明自己很坚强；柔道黑带三段的十几岁女孩，在比赛中打断了对手的四根骨头，以证明自己是最强者。你的孩子可能也会倾向于做这样的事情，比如承担大大小小的风险，让自己感到强大或被集体接纳，因为对他们来说，这就和生死一样重要。他们会向你隐瞒自己正在做的事，如果你没有帮助他们消化正在经历的事情，比如关于学习态度和智商的大量批评——本质上关乎他们的价值——或者如果你投射出的态度表明"隐藏好才是健康的方式"。然而，事情不是这样的！

若想摆脱"阅读障碍这件事得保密"这一观念，就要告诉身边的人，你的孩子究竟发生了什么，并寻找他（她）可以赖以生存的优势与方法，这样，你和你的孩子会更快乐。

误区 6：阅读障碍是不良养育方式的过失

纠错：阅读障碍不是任何人的错

父母们经常相信的另一个常见谬论是：孩子的阅读障碍是由于他们不知哪里犯下的错误导致的。而事实是，阅读障碍不会因为你是一个坏蛋，或者老天爷的喜好而降临在孩子的身上，不会是因为孕期吃错了东西，也不会是因为直到上幼儿园才教孩子学字母表。这些原因都很离谱，正如有人曾对我澄清"喝水不会导致阅读障碍"

一样离谱。倒不如问问，自己或配偶是否有相同的阅读障碍基因，答案或许更靠谱些。在极少数情况下，脑损伤也会导致阅读障碍，但对于绝大多数有阅读障碍的孩子来说，情况并非如此。

例如，我的母亲是一位优秀的阅读者，她以编辑书籍为生。我父亲可能偶尔会无法拼写一个单词，但他并没被认为有阅读障碍，而且阅读方式很标准。我哥哥是一个主流型阅读者，喜欢拿我的阅读障碍开玩笑，他曾经送给我一件 T 恤，上面写着"我喜欢阅读障碍"。但是我祖母的情况与这件 T 恤很相配。我仍然珍藏着她的信件，这些信件里有拼写错误，而且她会在整个页面上乱涂乱画。她那个时代背景下的女性，主要职责是举办派对和抚养孩子，所以当她在学校表现不佳时，没有人会认为她有阅读障碍，甚至有缺陷。我妈妈那边的亲戚也有人有阅读障碍，尽管她是专业的图书编辑。

这个谬论中的关键词是"过失"。阅读障碍就像孩子的身高。是的，基因在其中发挥了重要作用，但行为并不会造成任何影响。如果你能在家庭中找到那些阅读障碍基因的来源，你就可以开始创建一个社群，这会让你的孩子感觉不再那么孤单。你需要克服"过失"一词的另一个要素是，克服"你的孩子存在问题"这个观念。孩子并没有问题，他的生活环境却可能有问题。阅读确实是一种学习方式，但让它成为学习的唯一方式才是真正的"过失"。

误区 7：男孩比女孩更容易有阅读障碍

纠错：男孩和女孩都一样

有多项研究表明，男孩群体中阅读障碍的发生率与女孩群体相同。耶鲁大学的一项纵向研究追踪了康涅狄格州的 400 多名学生，

> # 阅读确实是一种学习方式，但让它成为学习的唯一方式才是真正的"过失"。

结果表明，两性之间的发生概率相等；在北卡罗来纳州的另一项研究中，研究人员对一年级和三年级的儿童进行了测试，结果相同；甚至有一项针对科罗拉多州 200 对同卵双胞胎和 200 对异卵双胞胎的研究，同样发现不存在性别差异。

确实有更多的男孩因阅读障碍和其他特殊学习障碍而接受特殊教育，但原因可能是男孩在学校遇到困难而感到沮丧时，会倾向于表现出来，而女孩则倾向于保持沉默。消极行为会增加孩子被识别出来的概率，因为孩子会制造一个必须解决的问题。对女孩来说，她们往往表现得更乖，所以老师可能会认为："珍妮只是沉默寡言，但这也没什么问题。"父母若是希望孩子得到必要的支持，请抛去这种常见的谬论，发现孩子的真实情况吧。

误区 8：阅读障碍是一种差异，而不是一种障碍

纠错：是一种障碍又何妨

许多人会拒绝使用"障碍"这个词来描述阅读障碍。有些人不喜欢这个词，而会选择"差异"一词；有些人会使用不同的委婉措辞，

如"特殊"或"独特"的技能。这种行为类似于房地产经纪人为了出售更多房屋而重新命名一个新兴社区：突然间，小镇的破落南城被称为SOMA，意为"希望南城"（South of Main），以此来试图远离原名附加的坏名声。然而，它还是原来的那个街区，如果你住在那里，你会对住在那里享受的福利更感兴趣，而不是它的名字。对于希望通过限制使用"障碍"一词来减轻对儿童的打击的教师或专业人士也是如此。更有效的方式是，实事求是，同时也让人对现实感到舒服，而不是试图用"特殊性"的外衣来粉饰它。

重要的是要理解阅读障碍和特殊学习障碍已被明确包含在了术语"障碍"之下。该术语附带的法律权利和保护条例①将保障孩子可以接受特殊学习支持的福利。另外，要理解"障碍"这个词是几代人努力的结果。根据《美国残疾人保障法》（*The Americans with Disabilities Act*），学习过程（以及按最近的修订，特别是阅读）是可能受障碍影响的"主要生活活动"的一部分。扣篮不会被认为是一项重要的生活活动，因此无法扣篮并不是一种障碍。但是，如果你在做大多数人都能够做到的事情时遇到困难，那么你就有障碍。这里的关键是克服你对"障碍"这个词本身的任何偏见。

我们都有劣势，我们应该自在地讨论它们。谈论自己的劣势是谦虚的表现；同样，谈论自己的障碍并不说明你没有能力，而只是说明你在特定生活领域不是主要群体。

我承认"学习障碍"这个词并不是很有吸引力。对我来说，无法接受的是这个词中的"学习"。我确实有障碍，但这只与阅读文本有关。而我们也已经知道有阅读障碍的人可以学得很好。

有些人接受不了障碍的概念或这个词，因为他们不了解个中的

---

① 我国目前还未将阅读障碍纳入法律范围内的特殊教育体系。

细微差别。要真正了解一个人障碍的性质，你需要了解他特质中的两个子问题。

第一个问题是，障碍属于先天障碍还是后天障碍。阅读障碍是一种先天障碍，这意味着它从我们出生的那一天起就存在于我们身上，但只有在我们被要求进行某些基于文本的活动时才会显现出来。而一个在 20 多岁时遭受脊髓损伤并终生使用轮椅的人属于后天障碍。

我的朋友马克天生就没有双手，他直到上学才真正明白自己与其他孩子的不同。在他自己的家庭中，没有人觉得这有什么大不了的，同时家里人期望他能像所有其他孩子一样玩耍。最近，当你问他是否愿意改变自己时，他是第一个说对自己的样子感到很开心的人。我也是如此。再多的钱也无法诱使我放弃有阅读障碍的大脑。部分原因是因为我喜欢它的思维方式，但同时也是因为，我喜欢那些基于共同的经验而与社群中的其他人建立联系的方式。

希望你的孩子能爱上自己的方方面面，既包括他的优势，也包括他的障碍。

第二个问题是，障碍是显性的还是非显性的。请注意，我不使用"隐形"一词。我的阅读障碍不是隐形的。如果你对大脑进行功能性磁共振成像（fMRI）扫描，你可以看到明显的物理标记。

一个有显性障碍（如肢体缺失）的人别无选择，只能公开自己的障碍状况。因此，与非显性障碍的人相比，他通常不会感到羞耻。这不是绝对的规则，但在非显性障碍的情况下，人们可以选择并且经常选择隐藏自己的障碍状况。结果，羞耻感开始蔓延，自我厌恶与进一步隐藏的循环开始了。

一个非显性的先天障碍者，有一个非常特殊的特征：这些人可能会在他们大部分的人生里隐藏起自己的这一部分。在表面之下隐藏着这样的"羞耻之河"也就不足为奇了。我解决这个问题的经验和方法是：公开谈论它，让所有的障碍变得显而易见。这会将人们吸引到你身边，然后你就有机会创建自己的社群。

误区 9：阅读障碍意味着你又笨又懒还迟钝

纠错：认为阅读障碍就是"笨"的观念太过时了

尽管这种说法听起来很无知，但 80% 的教师将"学习障碍"一词与智力低下联系在一起。尽管"智力低下"这个词本身已经过时，而且最近的一项法律将"发育迟缓"的官方名称也改为了"智力障碍"，但这种误解并不适用于典型的阅读障碍。

这个谬论最恶毒的情况往往发生在操场上，其他孩子会在那里用极具侮辱性的词汇——"笨"——来形容有阅读障碍的孩子。我要呼吁，一旦你知道有人或者听到有人使用"笨"来描述某事，一种非常有效的方法是提供替代方案。正如我的一个朋友所建议的那样，用"不同"代替"笨"是一种很好的技巧。把"那件大衣好笨"变成"那件大衣好不同"！

这个谬论的另一个变相说法是"你的孩子很懒"。当障碍并不明显且你无法指出导致问题的特定身体问题时，许多人会认为这只是驱动力的问题。具有讽刺意味的是，有阅读障碍的学生为了跟上他的同龄人，经常要花两到三倍的努力去学习。祸不单行，孩子在学校上完一天课后，到家已经精疲力竭，没有精力再做家庭作业或参加家庭活动，结果，大人可能认为孩子很懒惰，因为他回到家就不想做任何事情。如果你可以为孩子提供他在学校所需的辅助设施和支持，他也会像其他孩子一样有精力参与活动。

误区 10：阅读障碍是一种天赋

纠错：阅读障碍本身既不是礼物也不是诅咒，它是一个特质

"阅读障碍意味着你很笨"的反面是"阅读障碍是一种天赋"。许多人指出这样一个事实，即有阅读障碍的人极具创造力。理由是，如果你能帮助孩子们去理解他们的阅读障碍是一种神奇而特别的东西，他们就会接受它。但这并不起作用。

这种论点既居高临下，又伤害自尊。当我们不再注意其特殊的少数群体地位，而是将他们的成功归因于个人能力时，他们就会被接纳。让大小威廉姆斯（Venus and Serena Williams）成为杰出运动员的原因是什么？她们在网球场上取得如此大的成就，不是因为与她们的种族或性别有关的"天赋"，而是因为她们非常努力，并且在场上的表现比其他人都出色。她们是有天赋的网球运动员，但这不是因为她们是"黑人"或"女性"。

我承认，有阅读障碍的人常会以不同的方式看待世界。但很难确定这是我们大脑的本性，还是对环境的反应。许多有阅读障碍的人确实表现出高度的创造力。但是请记住，假如你在每个二年级孩子的腿上绑一个煤渣块，这些孩子里面就会有一定数量的孩子最终会变得非常有创造力。这是否意味着我们应该将煤渣块绑在所有孩子的腿上呢？

在与你的孩子交谈时，不要试图掩饰阅读障碍带来的挑战。不能很好地阅读，在主流社会里确实是一个问题，但阅读障碍本身既不是诅咒也不是礼物，它只是一个特质。

"天才"这个概念的一个变体是，一个孩子是"双重特殊资优生"（twice exceptional，有时缩写为 2E）。该术语旨在识别既有阅读障

阅读障碍本身既不是诅咒也不是礼物，它只是一个特质。

碍又有天赋的孩子。我同意一个学生可能在具有特殊的学习障碍的同时，具有特殊的优势。事实上，这是整本书的大前提。但是这个2E 标签并没能描述出一组特殊的属性，比如突出的视觉技能或是优秀的运动能力。更重要的是，特殊性的范围如此之大，在这一谱系（spectrum）的两端，标签并没有办法告诉你太多关于"你的孩子是什么样的人"的信息。这意味着它主要的作用是让父母和孩子感觉更好，而不是改变我们教育孩子的方式。更糟糕的是，它将"正常"的概念牢牢地置于两个端点之间。通过接受 2E 标签，我们固化了"正常"的概念，强化了我们可以根据技能将儿童划分等级的观念，使我们将坑挖得更深。这种分类最后可能导致最大的问题：父母经常使用这个词来区分他们的孩子和其他有特殊学习障碍的学生，这符合了一种观念，即我们应该让我们的孩子相互比较，而且我们应该在意学校系统或其他父母对孩子的看法。2E 标签在根本上被用作一种武器："是的，我的孩子确实有劣势，但他比其他孩子要好。"没有将孩子的"天才"标签与"特殊教育"的标签分开的家庭，留给他们的只能是这种标识方式的消极面。如果将所有孩子视为个体，并为他们创建学习档案，让他们的优势和劣势都能得到认可和理解，我们都会做得更好。

误区 11：不基于文本的学习方式只是一个拐杖

纠错：基于非文本的学习，是一个坡道

父母经常会担心，如果孩子在很小的时候使用音频或动觉来学习，他将无法学会阅读，因为他已经变得依赖"拐杖"了。这些获得信息的替代方式（将在第 6 章中更全面地详细介绍）不是"拐杖"，它们是一个坡道。将这些替代学习方式称为"拐杖"，意味着如果没有"拐杖"，他会自己痊愈并恢复到标准的做事方式。

再次重申：阅读障碍不是一种短期情况，也不是需要治愈的伤。它是一种将伴随一生的特质，需要将它融入人的整个生存方式之中。做到这一点的最佳方法是，发现他们在学习方面的优势，这正是我们将在下一章中要做的事。然而，正如一些文献警告的那样，拥有优势并不会让你成为"超级瘸子"。虽然有些人确实可以通过完成非凡的事情来弥补劣势，但这不是行事准则，你不应该把你的孩子置于这样的位置——让他找到一个成功的领域来弥补其他的弱点。例如，并非所有的盲人都能攀登珠穆朗玛峰；并不是所有的单腿少年都会成为高中游泳队的队长。虽然你的孩子能够找到最适合自己的学习方式，但我们并不能要求他做出令人惊叹的壮举，例如，记住美国南北战争中每场战役的名称、日期、获胜者，以证明他"克服"了障碍。关键是，有阅读障碍真的不是缺点，所以发挥他优势的辅助方法当然也不是"拐杖"。

误区 12：阅读障碍只在美国发生

纠错：这是全球现象

世界上每个国家都存在阅读障碍。有趣的是，阅读障碍可以表阅读障碍不是一种短期情况，也不是需要治愈的伤。它将伴随人的一生，需要将它融入人的整个生存方式之中。

现在大脑的不同部位，这取决于母语是基于表意符号还是基于拼音符号，但阅读障碍的总体发生率大致相同。理解这一点很重要，因为书面文本的困难不仅仅与字母和单词有关，也涉及其他类型的文字符号（例如，汉语和日语片假名）和概念，以及记住它们的顺序。

旅行的时候，我很高兴认识了远在爱尔兰和巴西的阅读障碍社群的带领人。虽然本书中的大部分信息都侧重于美国特定的背景，但是很多现实情况也适用于其他国家，尤其是羞耻感和由此产生的负面的、有害的情绪状态，是世界范围内普遍的现象。作为阅读障碍儿童的父母，你参与的事情不仅仅局限于影响你的孩子，所以不要认为阅读障碍是美国人的发明，是压力过大的父母或特定的学校系统造成的结果。

误区 13：最好不要告诉孩子他有阅读障碍

纠错：赋予孩子知情权

父母或老师经常会选择向孩子隐瞒孩子有阅读障碍的事实。有时孩子会自己想办法弄清楚是怎么回事，因为这件事常常处于保密的状态，导致孩子会为此感到莫名的难堪。更糟糕的是，孩子可能会得出这样的结论：自己很笨，而且将永远这样笨下去。

在与年幼的孩子打交道时，我始终认为最好的做法是诚实地告诉孩子，并为他提供关于阅读障碍的完整信息：包括我们一直在讨论的社会情况和科学进展；在进行测试之前为孩子讲解测试的内容，并为孩子解释每一步；他们很聪明、伶俐，同时也会得到很好的照顾，这些都很重要。

> # 在与年幼的孩子打交道时，最好的做法是诚实地告诉孩子。

我的一个朋友读了这本书的初稿之后，意识到自己可能也有阅读障碍。他和他的哥哥谈起这件事，发现他的父母在他年幼时给他做过测试，只是他不记得了。他的哥哥甚至从旧物中拿出了测试报告。事实证明，他实际上有严重的阅读障碍，他的父母为了不让他感到羞耻，选择不向他透露这一点。这件事的"披露"让他十分震惊，虽然他现在很高兴得到了更准确的信息。正如史蒂文·斯皮尔伯格在被确认为阅读障碍时说的："这是缺失的拼图。"他不得不花费大量的精力来思考这一切对他意味着什么，即使现在它还没有完全被呈现出来，而且这个过程可能需要经历数年的时间。

与此相关的我最喜欢的一个故事，是我在本书出版过程中遇到的一位兰登书屋团队成员的事。在我们一起工作期间，她告诉我，她知道儿子有阅读障碍。当孩子第一次被发现有阅读障碍时，一位专家告诉她，她应该向孩子隐瞒这些信息。在参观了一所支持阅读障碍学生的学校后，她的儿子宣布自己真的很喜欢这所学校，并希望能去那里上学。她决定不采纳专家给她的建议，对她儿子说："你知道你为什么这么喜欢这所学校吗？这是因为这里所有的学生都和你一样，有阅读障碍。"他安静下来，看着妈妈，点了点头。那天晚上刷牙的时候，他突然宣布："所以你终于决定告诉我，我有那个东西！"她说："是的，那是什么东西？""我有关节炎[①]！"

这是一个只有阅读障碍者才会知道的单词游戏。故事想表达的重点是，孩子知道自己有阅读障碍，实际上他是很高兴的。对我自己来说，我掌握的关于阅读障碍的证据和信息越多，我就越开心。

学习整合，而不是克服

"整合阅读障碍"与"克服阅读障碍"截然相反。我通过一个人对其个人信息的控制程度，来衡量他将阅读障碍融入生活的程度——更具体地说，是他"希望别人知道"他有阅读障碍的可能性有多大。最

---

① 译者注：arthritis 与阅读障碍的英文 dyslexia 读音近似。

后这一部分很关键。在我学生时代的大部分时间里，我都被视为阅读障碍者，但这不是我自己的选择。在整个小学阶段，别人知道我有阅读障碍的概率大约为 70%，因为接受特殊教育服务，我必须离开班级去其他地方上课，这本身就公开了我的学习问题。在初中，我在普通课堂学习，其他人知道我有阅读障碍的可能性就下降到了10% 左右，因为我尽可能地把它隐藏了起来。到高中的时候，我隐晦的遮掩行为让我能瞒过大部分人，别人知道的可能性只有不到 5% 了。

我融入得最不好的时期是在大学。我有了一群新朋友，我投入大量精力来假装自己是个普通人。我估计，可能只有 1% 的同伴知道我的阅读障碍，我在主流学习方式里苦苦挣扎。再打个比方，当时的我就像池塘里的鸭子，脚在水面之下猛扑腾，但在水面上，别人只能看到我平静而泰然自若的样子。大学毕业后，我生活中的一些人需要知道我有阅读障碍。例如，我需要告诉我的老板："我不能成为最后做校对的人，我需要和你谈谈为什么。"但除非万不得已，我还是不会透露我的阅读障碍的。

当我进入法学院时，我仍然保持近乎保密的状态。我没有告诉我的同学，但我确实告诉了学校，因为他们为我提供了辅助支持设施。我告诉了一两位教授。在我认识的人中，也许大约有 10% 的人能理解我的处境。当我进入商学院时，一位学校管理人员把我拉到一边说："你为什么不直接和你的教授谈谈这件事？"因为我的一位教授也有阅读障碍，那时我才意识到，"哇！谈论这件事，可以让我有机会与别人建立联系。"我变得更开放了。等到我商学院毕业时，我估计同伴和社交圈子里的人有一半知道我有阅读障碍，而且我告诉了指导我的大多数教授。

研究生毕业后，当我开始在英特尔公司工作时，我并没有刻意掩饰自己有阅读障碍的事实，我经常将这些信息提供给同事。当我开始领导英特尔阅读器团队时，几乎没有人不知道我有阅读障碍。我的朋友们跟我开玩笑说，我应该有一件 T 恤，上面写着："今天，我跟你说过我有阅读障碍吗？"

我将阅读障碍融入生活的最关键时刻，出现在我遇到乔·斯塔茨（Joe Stutts）的那一天，我认为他是阅读障碍运动之父，你将会在第 7 章进一步了解他。我第一次见到乔是在我读法学院的时候，我了解到他的民权案件是如何让阅读障碍者被认定有权进入工作场所的。我为他的勇敢感到骄傲。我决定拍一部关于他的电影，我飞到阿拉巴马州去见他。我强忍着眼泪，抬头看着他，认真地听他讲话。我告诉他我花了多长时间接受我无法阅读的事实。他只是看着我的眼睛说："好吧，接受它。"我喜欢这个答案！对我来说，乔的回应显示出了全面整合（full integration）——他根本没有任何问题，虽然他有阅读障碍。

你可以通过你和孩子对外告知的程度，来衡量你在全面整合方面的进展。然而，这应该是一种合作关系：如果你的孩子不想让别人知道，而你却告诉了他在学校里所有的朋友，这可能是最糟糕的事情了。你最好从直系亲属开始，然后逐步扩大到更广泛的社群；同时将重点放在教你的孩子如何自己讲述故事，让他能够应对每一次新增的告知。我们将在第 5 章深入讨论这个内容。

我真希望，我自己对阅读障碍的整合没有花这么长时间。有很多例子表明，整合不必都像我一样。帮助年幼孩子整合的关键是社群。20 年前，旧金山湾区的一群家长成立了家长教育网络（Parents Education Network，PEN），在这个社群，他们可以谈论孩子们的需求。10 年后，他们的孩子长大了，成了很好的自我倡导者，并成立了自己的团体：学生教育顾问（Students Advisors for Education，SAFE）。SAFE 成员在学校的专家委员会上，面对他们的教师和非阅读障碍同龄人发言，为阅读障碍或注意缺陷与多动障碍（ADHD）儿童正名。这些组织非常成功，以至于自 2010 年起 SAFE 开始举办名为"教育革命"（Education Revolution，EdRev）的年会，每年吸引超过 3 000 名儿童、家长和教育工作者参加。与其他阅读障碍者会议不同，这个会议充满了年轻阅读障碍者的能量。我经常告诉有阅读障碍或注意缺陷与多动障碍（ADHD）孩子的父母，他们应该带孩子参加这个活动，让年幼的孩子在玩的同时也能为自己代言。我希望其他学生团体也能采用 SAFE 的模式，并可以在更广泛的范围内开展类似的活动，以帮助成立社群，这是解决羞耻感和整合阅读障碍的最佳要素。

去年，我在该活动中看到一个出色的例子。组织者在主要会议的前一天为儿童和青少年举办了一场活动，并请来了一位主持人：洛杉矶的阅读障碍艺术家亚历山德拉·坎特（Alexandra Cantle）。所有的孩子都得到了一个真正的肥皂盒，他们可以用他们觉得可以代表自己的图像来装饰这个肥皂盒。然后他们都有机会站在这个肥皂盒上（没有人被强迫），站在一个由非常支持他们的成员组成的大圈子的中心，告诉世界，他们希望被别人了解。我看到 100 多个年轻人站起来发言——有的孩子用两三分钟的时间，讲述他们多么希望老师能够理解他们；有的孩子只用了 10 秒钟的时间说"我很聪明。"高潮发生在第二天的活动中，孩子们带着他们的肥皂盒，每当他们有表达的欲望，他们就会站在大厅里，站在肥皂盒上，把他们的故事讲给愿意听的人。宣传从未如此美妙！

在下一章中，你将开始见证一切重新开始的样子——没有羞耻感，为学习和成功做好准备；没有恐惧，没有误解，只有事实，从确定孩子的优势和劣势开始。我们先确定他的劣势，找出可以正式确认阅读障碍的途径；然后我将开始向你展示如何找到优势，以及如何利用这些优势让教育发挥最大效用；最后，我们将着眼于让这些方法适用于每个人。

你将开始见证一切重新开始的样子——没有羞耻感，为学习和成功做好准备；没有恐惧，没有误解，只有事实，从确定孩子的优势和劣势开始。

第 3 章
发现优势之星

在我小的时候，为了弄清学业困难的原因，我接受了相关评估测试，其中一项是智力测试。妈妈没有告诉我得分，因为她觉得那些数字不能准确地反映我的情况。尽管我觉得自己本来可以更好完成测试的——我的父母本来也可以仔细地解释测试的意图以及我的得分意味着什么。但是，在面对为了确定孩子的特质而不得不进行的各种测试时，我强烈建议你采取与我父母相同的怀疑态度——测试重要，但作用有限。我所设计的衡量方法与你遇到的大多数测试方法都将迥然不同。你将学习如何发现孩子的优势，并关注那些能引领他走向成功的品质。在列出这些测试之前，让我先回顾一下学校可能要求的更为典型的测试的渊源。

一段历史：从 IQ 到 SAT

在 19 世纪的大半时间及 20 世纪上半叶，优生学家——致力于操纵人类基因组成的科学家——在科学界享有盛誉。优生主义思想曾在美国影响深远。1925 年，美国就已经有 20 个州对残障人士实施强制绝育计划。1942 年，康奈尔医学中心神经学教授、纽约市贝尔维尤医院神经病学主任福斯特·肯尼迪博士（Dr. Foster Kennedy）在《美国精神病学杂志》（*American Journal of Psychiatry*）中提出，美国应该实施一项在残障儿童 5 岁时令其死亡的计划，这样就能减轻他们的"生活负担"。上述例子中的残障人士都是很容易被发现的——有明显的身体残疾或精神健康问题，一望便知。这一做法反映了一个广泛的社会认知，即残障和异常是不可接受的。在这一时期，有阅读障碍的人被孤立、被赶出学校，虽不至等同于杀害或绝育，但也反映了对不可接受的特质进行妖魔化的文化。

这种将残障视为不可接受，以及受优生主义思维影响形成的做法，与斯坦福 - 比奈智力量表（Stanford-Binet Intelligence Scales）的发展和智商（Intelligence quotient，IQ）的概念有关。1904 年，心理学家阿尔弗雷德·比奈（Alfred Binet）和西奥多·西蒙（Theodore Simon）应法国政府的要求，开发了一种测试，用来识别发育迟缓的儿童，并建立了第一个特殊教育体系。值得赞扬的是，比奈立即发现对智力进行分类存在很大的负面影响，包括教师会降低对"被贴标签"的孩子的期望，并将这些孩子排除在主流群体之外。他提倡个案研究，但大规模筛查的确需要一个通用量表。比奈的研究后来被修订成为现代斯坦福 - 比奈智力量表的基础，该量表至今仍被广泛使用。在修订比奈和西蒙的研究的过程中，优生学家留下了自己的烙印，也就是我们现在公认的智商衡量标准。

1917 年，优生学家兼美国心理学协会（American Psychological Association，APA）会长罗伯特·耶克斯（Robert Yerkes）提出，可以使用一种以斯坦福 - 比奈量表为基础修改的量表，为第一次世界大战征募的美国新兵做评估。他开发了军队的阿尔法和贝塔测试（Alpha and Beta tests），用于监测 100 多万新兵的管理。但实际情况是，当时的新移民即使不会说英语，也要接受以英语为测试语言的测试。这项测试的结果疑点重重，将那些被评估为有潜在"缺陷"的人拒之门外。这份虚假的结果还被用来建立复杂的筛选测试，应用于美国生活的其他方面。例如，为耶克斯工作的卡尔·布里格姆（Carl Brigham），后来在阿尔法和贝塔测试的基础上开发了学业能力倾向测验（SAT）。

虽然如今这些测试的实施已经公平很多，但我认为了解这段曲折的历史是很重要的。

作为确认孩子学习状况的第一步，他可能需要参加斯坦福－比奈智商测试或其他类似的测试。这些测试有助于专家识别孩子的劣势，并确定他是否符合阅读障碍的标准定义，从而有资格获得额外的支持或服务（我将在下面提供更多这些测试的相关信息）。接下来我们要做的是列出孩子的优势。我将在下面概述阅读障碍者的 8 种主要优势，以便你能够发现孩子展现出的优势有哪些。了解孩子的优势有助于你规划学习支持方案，这很可能也将指导孩子未来的求学之路和人生之路。

最后，你可能想知道有哪些已经被证明可以为阅读障碍者（实际上是所有人）带来长久成功的态度、习惯和方法。虽然你的孩子可能还没有表现出这些习惯特征，但鉴于孩子们尚处在发展的早期阶段，考虑到孩子成长的持续性，这些方法仍然可以为你提供参考。

这个起点将有助于你观察孩子的成长进展，并帮助孩子了解如何更好地掌控自己的生活。

第一步：发现好测评

大多数与阅读障碍相关的测试侧重于测评一个人在拼写、阅读和将一系列字母的发音连接起来等方面的困难。这种狭隘的、对有限技能的关注极大地影响了谈话的准确性，使我们无法看到一个人的全貌。然而，如果你想为孩子申请辅助性教育服务，让他能够接受特殊教育，或是获准在教室和学术测试环境下的特殊学习支持措施，你就不得不受制于这种关注。

仅用标准的拼写或阅读能力定义孩子是一个糟糕的想法，这一点再怎么强调也不为过。本章后面的部分提供了更详细的筛选标准，关注孩子的其他技能和态度，展现孩子更完整的全貌，将成为你使用本书展开工作的基础。然而，正式的评估仍然是孩子获得身份确认的唯一途径。

你对本书产生兴趣就表明你有理由猜测自己的孩子存在阅读障碍或其他相关的特殊学习障碍。下面这个由我编制的简易检查表（表 3-1）将就你的孩子是否需要进一步详细测试给出一些提示。美国国家学习障碍中心（NCLD）为所有特殊学习障碍制订了更全面的自查表[①]，他们欣然同意让我在这本书里呈现出来。你可以在附录中找到该自查表。

表 3-1　阅读障碍表现自查表

尽可能如实地回答以下问题，在符合孩子情况的下面打"√"。每回答一个"是"，得 1 分。

你的孩子是否有以下情况	是	否
1. 表现出混合用手习惯，有时用右手，有时用左手。		
2. 读不熟悉的单词时发音错误。		
3. 找理由逃避阅读，尤其是大声朗读。		
4. 较之用眼阅读，更愿意通过与人交谈或通过多媒体来学习。		
5. 很难记住一串数字。		
6. 家族中是否有成员被诊断为阅读障碍或特殊学习障碍。		
7. 用眼阅读时，经常看不清位置或跳行。		
8. 有时会忘记如何拼写已经会用的简短单词。		

---

① 中文版的自查表由陕西师范大学赵微教授团队译制。附录中另外附加了适合中国儿童的阅读能力自查表，由北京大学第六医院王久菊医生提供。

续表

你的孩子是否有以下情况	是	否
9. 分不清发音相似的单词，比如 magnet（磁体）和 maggots（蛆虫）。		
10. 能够运用并理解复杂单词却不会拼写。		

0~3分：请参考 NCLD 自查表（附录1）测试其他能力。

4~10分：可能有阅读障碍；请参考 NCLD 自查表，然后尽快与老师或其他专业人士讨论孩子的学习情况。

值得说明的是，如今，虽然我得到了这些学位和成就，但我在这个自查表上的得分仍是9分（满分10分）。如果你的孩子在阅读障碍表现自查表上的得分属于"可能有阅读障碍"一类，你可能需要向孩子所在的学校申请正式鉴定。并最好在与学校会面之前完成 NCLD 自查表。①

需要重申的是，你的孩子在上述领域的劣势与智力无关。事实上，你收到的测试结果可能会表明，你的孩子在某些方面非常聪明。我记得在三年级时，我曾做过一次考查类比概念掌握情况的测试。负责测试的女士对我进行了口头测试，问了一些问题，比如："帽子与头就如同……A. 狗吠与狗；B. 手套与手；C. 车轴与汽车；D. 太阳与月亮。"我迅速回答"B. 手套与手"，其他的问题我也都答对了。测试人员告诉我的父母，对于类比概念的掌握，我8岁就达到了高中三年级学生的水平，但我不会拼写手套（glove）这个词，更别说拼写类比（analogy）了！如果你注意到孩子存在这样的现象，那么

---

① 在中国，如果想进行阅读障碍的全面诊断可以咨询当地儿童医院的学习困难门诊或我们在附录3中列出的科研机构或干预机构。

让孩子获得特殊学习支持和辅助性服务是很重要的，就像我在第 6 章和第 7 章强调的那样，如果你的孩子能运用复杂词汇，却在阅读方面存在困难，那么他得到的阅读材料可能远没有他实际能处理的材料更具有挑战性——即使"天翻地覆"也是杯水车薪，正式的确认会帮助他获得能帮助他发展思维的材料。

　　智力测试仍然是残障评估过程的关键部分，符合有关各方的既得利益。但是，这些测试很多都不认可创造性的答案。请思考以下示例问题 [图 3-1 选自《韦氏成人智力量表（第四版）》]。作为阅读障碍者，我的大脑在处理这些问题时很少考虑常规做法，而是经常会找到两种甚至更多种解题方法。

　　下列图形由哪 3 个组块拼成？

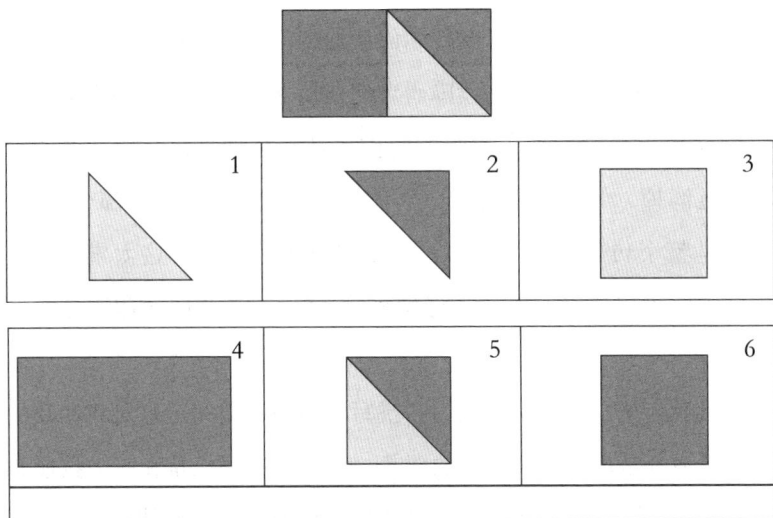

图 3-1　智力测试题

　　"正确"答案是组块 6、组块 1 和组块 2。但是，如果允许堆叠呢？在这种情况下，组块 6、组块 1 和组块 5 也可以。组块 6、组块 3

和组块 2 也能说得通，甚至组块 4、组块 1 和组块 2 也可以！

但如果我将上述 3 个选项作为我的答案，就会被判定为答案错误，最终分数就会表明我不够聪明。在这种模式下，想出创造性的解题方法却等同于不聪明。有阅读障碍的同龄人经常向我抱怨标准化测试中会出现的这类问题，他们常常比出题者思考得更多。再次强调，要想获得相关服务，你就不得不与这个系统和这些测试打交道，但请不要相信这些分数告诉你的任何有关孩子的潜力或创造力的信息。

第二步：发现优势之星

我在前文已经提到，与非阅读障碍者相比，许多阅读障碍者能更轻松、更快地听音频，英特尔阅读器的设计就利用了这一点。有趣的是，我曾为一个非阅读障碍者朋友倍速播放英特尔阅读器。他的反应是："我用这种方式听的时候，必须全神贯注，把其他的一切都过滤掉。如果我错过了一个音节，那么我就会漏掉那个单词，接着是整个句子、整个概念，然后我就听不懂了。这太累人了！你必须时刻保持绝对专注才能做到。"这不正是我阅读印刷品的经历吗？

以我为例，我的阅读能力和拼写能力都很差——这对我和我的父母来说都是很有必要知道的弱势——但我的词汇量和听力技能却有实实在在的优势。因此，我不用眼阅读，而是以非常快的速度（标准速度的 4 倍）听读文本；我不用标准的方式写作，而是向电脑输入语音，通过电脑写下我的想法。通过这些方法，我利用自己的优势来化解使用学校和办公室的标准系统时出现的能力不足。

　　了解孩子的优势所在，你就能知道孩子会在哪方面有所成就。通过提供一条乐在其中的学习之路，你很快就会发现孩子们会爱上学习，也能学得很好。发现孩子的优势有助于你找到一条有效的途径帮助其缩小差距、弥补在校学习的不足。我研发了一项练习来帮助你做到这一点。

> # 发现孩子的优势有助于你找到一条有效的途径帮助其缩小差距、弥补在校学习的不足。

　　这项练习——"优势之星"（表 3-2）——不是提供一两个类似智力测试或学业能力倾向测验的分数，而是以一种可视化的方式描绘孩子的技能。它围绕我发现的阅读障碍者最常见的 8 大优势——它们部分基于我在英特尔公司工作期间对 200 多名阅读障碍者的采访、对当前研究的解读以及我在旅途中遇到的成千上万名阅读障碍社群里的人而创设。

　　你将从这 8 种优势中找出孩子的前 3 大优势——如果只确定了孩子的最大优势，你就会错过其他良好的互补优势。如果你要确定 3 个以上的技能优势，那又可能会削弱发挥这 3 个最重要的技能优势的有效性。

　　这项练习还将帮助你绘制出了解孩子思想的最佳途径，以及帮助他表达思想的最有效途径。把孩子的大脑想象成一个地理区域，你正在尝试传输信息，很快你就了解到比其他路径更容易通行的通路。阅读之路可能崎岖不平，天气恶劣，很难通过；但聆听之路可能是一片开阔的、鲜花盛开的阳光草地。那么，当你拥有一条完美、温暖、容易导航且可以经常使用的路线时，为什么还要继续选择那条崎岖、艰难、寒冷的路线呢？

"优势之星"问卷要求填写者在"这对我的孩子来说非常准确"到"这对我的孩子来说完全不准确"的范围内评分。这些问题很可能会让你发现孩子在两三个领域得分低于 15 分（即多数答案处于"基本准确"或"有点准确"的分数水平），在两三个领域得分高于 15 分（有些答案在"极其准确"或"非常准确"的范围内）；极少数情况下，孩子可能有在某个领域得分为 25 分或某个领域得分为 5 分的情况。有一个尽可能清晰的画面，有助于你更好地了解孩子的道路，让你在学校内外尽可能地支持他，帮助他使用自己最宝贵的财富。

绘制孩子的优势之星

在做这个评估之前，先和孩子谈谈这个练习的目标。你的孩子可能已经注意到你在阅读一本叫作《请爱我本来的样子：阅读障碍儿童优势赋能计划》的书。很多孩子不会说什么，但可能会想："妈妈在读关于我的书吗？"如果他们正在脑海里浮现一些我们讨论过的有关羞耻的消极剧本，他们可能也会想："妈妈在生我的气吗？她是不是希望我没有阅读障碍？"

直面这种自问自答非常重要。和孩子讨论一下为什么你要读这本书。你可能会告诉他一些你了解到的秘密和事实，要强调你爱他，与他不能完成的事相比，你对他能完成的事更感兴趣。

与他不能完成的事相比，你对他能完成的事更感兴趣。

之后，父母先独自完成这个评估（表 3-2），以确定你心目中的孩子的优势基线。接下来，与孩子一起再做一遍，问问他的想法。你可能会惊讶地发现，你们的看法大相径庭，比如你认为孩子在某些方面可能有优势，而他却不知道自己在这方面特别优秀。要向孩子强调你想支持他，给他独立的机会，不会评判他的喜恶。

表 3-2　优势之星问卷

根据孩子的情况，判断以下陈述是否准确，并选择对应的分数。

口语能力					
陈述	极其准确	非常准确	基本准确	有点准确	完全不准确
抓住一切与成年人或其他孩子交谈的机会——例如，想要参加学校的戏剧表演，想要站在舞台上，在家庭聚会上面对一大群人讲话时表现自如。	5	4	3	2	1
与一群人交谈时轻松自如，面带微笑，看起来很开心、很平静。	5	4	3	2	1
词汇量丰富，在谈话中经常使用他遇到的新单词。	5	4	3	2	1

续表

口语能力					
陈述	极其 准确	非常 准确	基本 准确	有点 准确	完全 不准确
可以引用电影或动画片中的对话，并逐字重述整段对话。	5	4	3	2	1
用口头表达的方式描述过去的事件，如一次广播节目或一场演讲。	5	4	3	2	1
社交能力					
陈述	极其 准确	非常 准确	基本 准确	有点 准确	完全 不准确
可以快速读懂他人的情绪和需求，并做出适当的反应。	5	4	3	2	1
可以轻松地与任何人交谈，无论是亲密的朋友还是新认识的人。	5	4	3	2	1
知道在某个场合谁拥有话语权——谁是酷孩子，哪些老师很重要，或者大家庭成员之间的关系如何。	5	4	3	2	1
喜欢复杂的社交故事，可以告诉你电影或故事中人物之间的所有关系——例如，可以轻松说出哈利·波特所有的朋友及他们在霍格沃兹的哪个学院学习。	5	4	3	2	1
乐于与新朋友互动，并将此视为学习和结交朋友的机会。	5	4	3	2	1
叙事能力					
陈述	极其 准确	非常 准确	基本 准确	有点 准确	完全 不准确
可以讲述、描写或绘制角色丰富、情节曲折的详细故事。	5	4	3	2	1
可以充当家庭历史学家，能记住何时谁对谁说了什么，以及在何地发生了什么事情。	5	4	3	2	1

续表

叙事能力					
陈述	极其 准确	非常 准确	基本 准确	有点 准确	完全 不准确
喜欢电影、戏剧或电视中的传记、历史或虚构故事，反复观看以了解事情如何发生、为什么发生，或据此来探索想象的世界。	5	4	3	2	1
将所有事物都记为一个故事，包括科学或数学，使用自己生活中的元素为抽象概念提供背景——例如，"爷爷在海军服过役并用过指南针；指南针可以告诉你北方在哪边"。	5	4	3	2	1
根据重新组合的记忆，观察模式并预测系统可能会如何运行——例如，"学校里的每个人都会根据电影挑选万圣节服装，所以蝙蝠侠今年会很受欢迎"。	5	4	3	2	1
空间能力					
陈述	极其 准确	非常 准确	基本 准确	有点 准确	完全 不准确
喜欢摆弄、拆卸、再组装玩具或任何与电子、机械有关的东西。	5	4	3	2	1
利用手边的材料做实验——例如，玩镜子、拼大型拼插积木作品、钻研打结。	5	4	3	2	1
喜欢模型和微缩模型——例如，摆弄玩具屋或玩具翻斗车，自己动手搭建或从零开始创建。	5	4	3	2	1
想玩家里的机器和工具；谈及想在手工艺或机械店工作。	5	4	3	2	1
陈述自己能在脑海中看到三维物体，不用看说明书就能把玩具或家具组装起来。	5	4	3	2	1

续表

动觉能力					
陈述	极其 准确	非常 准确	基本 准确	有点 准确	完全 不准确
是天生的运动员，能轻松地学习新运动或舞蹈，快速掌握复杂的脚下走位或展现出良好的手眼协调能力。	5	4	3	2	1
解释事情或学习时必须四处走动，说明观点或讲故事时要移动物体或身体。	5	4	3	2	1
在家练习舞蹈动作或运动动作，不断重复直到完美掌握动作才满意。	5	4	3	2	1
总是在移动、攀爬、跑跳，或举东西，很少坐着不动超过 5 分钟。	5	4	3	2	1
喜欢科学实验、实地考察或做手工，喜欢触摸、嗅闻、摆弄物体，而不喜欢学习其中的抽象概念。	5	4	3	2	1

视觉能力					
陈述	极其 准确	非常 准确	基本 准确	有点 准确	完全 不准确
擅长绘画（素描或油画），愿意私下花时间创造视觉艺术。	5	4	3	2	1
热衷于视觉艺术方面的爱好，如摄影、视频游戏制作、看漫画小说或动画。	5	4	3	2	1
了解世界的主要方式是描述在图片中看到的事物或用颜色、地图、画作谈论自己的想法。	5	4	3	2	1
可以快速解决视觉谜题，总能找到"威利"（Waldo）[①] 或轻松地找到地图上到达某个地点的最快路线。	5	4	3	2	1

---

① 译者注：威利是《视觉大发现》系列图书《威利在哪里？》中的人物。

续表

视觉能力					
陈述	极其准确	非常准确	基本准确	有点准确	完全不准确
穿看起来很特别的衣服，挑选的颜色和款式，传统也好，古怪也罢，都要传达穿戴者与众不同的特定信息。	5	4	3	2	1
数学与科学能力					
陈述	极其准确	非常准确	基本准确	有点准确	完全不准确
喜欢逻辑推理题和涉及数学或科学的电脑游戏。	5	4	3	2	1
擅长解释数学概念，在同龄人还没有注意的时候就开始讨论数字的物理关系或模式。	5	4	3	2	1
喜欢去科学博物馆，喜欢在学校或家里做实验（即使只是模拟实验）。	5	4	3	2	1
对自然世界充满兴趣——例如，研究蝴蝶、恐龙或天文学——解释这些生物或物理系统时，表现出不可思议的能力。	5	4	3	2	1
喜欢数学或科学课程，尤其喜欢实际操作涉及数学的视觉或口头演示——例如，比起写数学题，更喜欢解释数学题。	5	4	3	2	1
音乐能力					
陈述	极其准确	非常准确	基本准确	有点准确	完全不准确
喜欢唱歌、奏乐、写原创歌曲、兴致勃勃地练习音乐技巧。	5	4	3	2	1
将音乐节目主持人或音乐家视作自己的偶像，聆听他们的作品并详尽讨论他们的风格。	5	4	3	2	1

续表

音乐能力					
陈述	极其 准确	非常 准确	基本 准确	有点 准确	完全 不准确
喜欢为兄弟姐妹或朋友演奏音乐或唱歌。	5	4	3	2	1
善于利用声音进行学习——例如，了解鸟鸣、动物叫声、球队的战歌，或某些发动机、机械的声音。	5	4	3	2	1
能比其他人更早地注意到环境中的声音，或者在不寻常的地方发现节奏——例如，跟随洗衣机的节奏跳舞，或者比其他人更早地说出一首歌的名字。	5	4	3	2	1

在下面的表 3-3 中，填入表 3-2 中得出的每一项的总分值，对 8 个领域分别进行排名，你只需考虑哪个最能反映出孩子的情况，无须考虑每个类别的细节。如果你还没有和孩子讨论过答案，请务必在第二遍的时候与他讨论，以获得最准确的信息，接着再记下亲子得分。直觉也很可能告诉你，这个领域应该高于另一个。最后检查一遍评分，做一些微调，在最后一列记下最终分值。

表 3-3　优势之星分值统计表

8 大优势之星	家长视角得分	亲子得分	最终排名
口语能力			
社交能力			
叙事能力			
空间能力			
动觉能力			
视觉能力			

续表

8大优势之星	家长视角得分	亲子得分	最终排名
数学与科学能力			
音乐能力			

将优势用星星表示出来

要画出孩子的优势之星，需要将每部分的最终数值画到相应的线上（见图3-2）。例如，如果语言得分是18分，而社交得分是12分，那么在语言能力的线上18分的位置画一个点，在社交能力的线上12分的位置画一个点。将每个点都标记好后，将轴上的点用线连起来。

姓名：＿＿＿＿＿＿＿＿

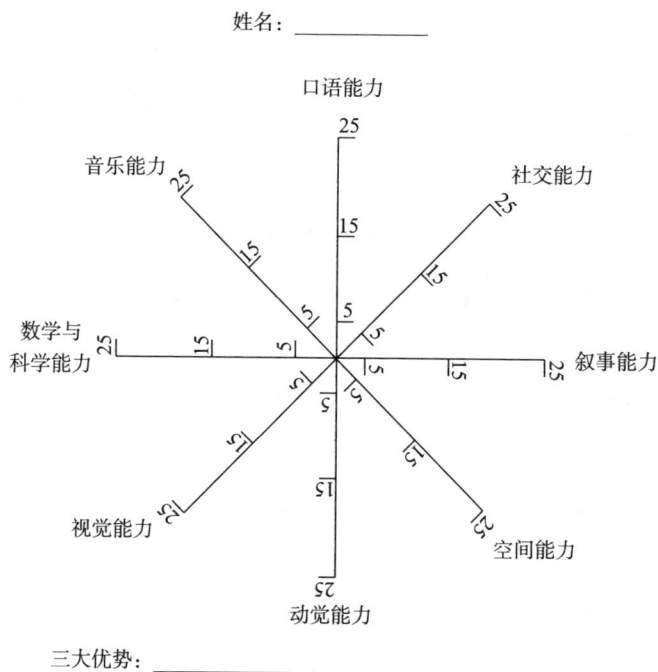

三大优势：＿＿＿＿＿ ＿＿＿＿＿ ＿＿＿＿＿

图3-2 优势之星数轴

在所有 8 个领域的相应位置做标记，如果每项优势的得分相同，这些点将连接成一个等边八边形。但没有人——无论是阅读障碍者还是视觉型阅读者——会拥有完全均匀的特质。我们都有一个形状来展示优势、显示不足。你可以打印更多的优势图，以此让家庭的每个成员都了解各自的长处，会很有意思。

许多视觉型读者经常困惑于为什么我们要以这种形式绘制数据。而阅读障碍者则对这种形式感到兴奋。你将会在本书的其他地方看到与我和其他阅读障碍者相关的优势之星。看到每个人都与众不同的形状，将帮你发现这个群体的多样性。所以，虽然这颗星星对你来说可能没多大意义，但也许你的孩子会发现它很有启发性。

作者的优势之星

既然你已经绘制了孩子的特质，那么让我来展示一下我的优势之星（表 3-4）。我之所以这么做是为了强调，每个人都有自己的长处，即便他的不足之处更为明显。

表 3-4　作者的优势之星分值表

8 大优势领域	Q1	Q2	Q3	Q4	Q5	总计
口语能力	5	5	5	5	5	25
社交能力	4	5	5	3	5	22
叙事能力	2	2	5	3	4	16
空间能力	3	3	2	1	1	10
动觉能力	3	1	1	2	3	10
视觉能力	1	4	1	3	4	13
数学与科学能力	1	3	3	2	3	12
音乐能力	1	1	1	2	2	7

因此我的优势之星是这样的（图 3-3）。

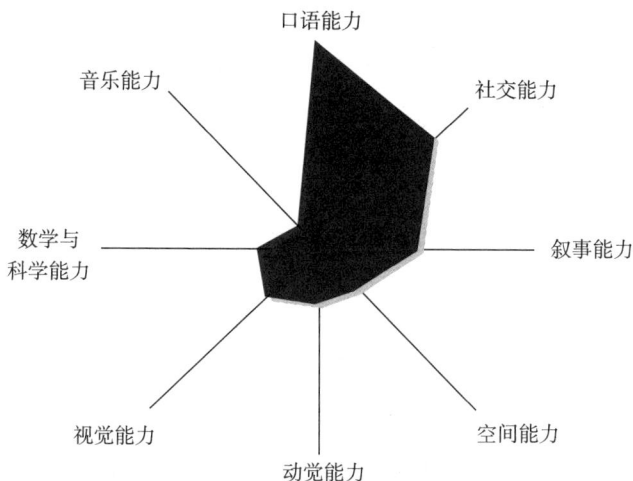

图 3-3　作者的优势之星

　　请注意，从很多方面来看我无疑都是成功的，但我并非所有方面都很强。但重要的是，我已经知道如何发挥我的三大技能：语言能力、社交能力和叙事能力。而这三项中，仅有一项得分是 25 分。我的最低得分在音乐方向，仅得 7 分。在学校，我参加了辩论队，在课堂上积极发言；在工作中，我寻找机会在会议中展示自己，充分了解团队成员，以支持他们出色地完成工作；涉及唱歌和画画时，我就让别人来处理。专注于我擅长的事，放手我不擅长的事，这种策略让我得以用自己的优势来弥补劣势。我的拼写很糟糕，所以我总是确保做些其他有用的事，比如向投资者做报告，或者向组织的新成员解释我们的使命，而不是编写相应的阅读材料。

　　通过这个练习得到的形状将是独一无二的，就像你的孩子一样。想想你在这里看到了什么，再问自己几个问题：

　　如果你必须在孩子长大后仅使用他的三大技能为其选择一份工

作，你会选择什么工作，为什么？

忽略工作的社会地位或与之相关的收入，列出 3 份孩子可能喜欢的工作。请记住，许多改变世界的工作并不是标准认知里的职业——例如微型雕塑家或机器人原型制造商。

发现优势后，你会学到什么

孩子可能会认为自己的优势不重要而不加以重视。多年来，我一直不重视自己擅长公开演讲的能力。我想，大概是因为这对我来说很容易，没什么大不了的。但事实上这项技能是很有价值的，公开演讲对大多数人来说很难。如果我能站在教室前面，以口头形式而不是书面形式答题，校园生活就会像遛公园一样轻松。直到我发现我的朋友们对这种场景都感到恐惧，在这种形式下他们无法迅速组织想法，我才意识到我的原生能力是一种可以利用的技能。你的孩子很可能想要拥有他不具备的技能（并且会低估或轻视这份评估确认的技能），原因很简单——他也想和其他人一样融入主流社会。你需要向孩子解释，很可能需要一再强调，他所拥有的技能是有价值的。

看看那些著名的阅读障碍人士吧，他们都善用了自己的一个技能强项领域。请注意，与主流同行相比，他们中的所有人，都像我一样，在拼写和阅读方面都很差。虽然不是每个人都能成为雪儿（Cher）或查尔斯·施瓦布（Charles Schwab），这些人的成功也有赖于其他因素，但他们都证明了发挥自己的优势可以走上非常成功的道路。还需注意的是，所有这些阅读障碍者都有可能在他们能力范围之外的地方遭受失败。我猜，如果斯皮尔伯格试图成为一名微生物学家，或者卡罗尔·格雷德（Carol Greider）试图担任电影导演，都不会有什么好结果。家长在这里的角色是向孩子强调，他可以有效地利用自己的天赋，无论天赋是在空间方面还是社交方面。你也可以关注明显拥有这些技能的非阅读障碍者。例如，我无从得知被数百万儿童称为苏斯博士（Dr. Seuss）的西奥多·盖泽尔（Theodor Geisel）是否存在阅读障碍，但他的叙事能力无疑使他获得了成功。如果孩子的三大强项之一是叙事，苏斯博士在这方面的成功将告诉孩子：一项被认为不重要的技能，实际上可能正是获得成功和幸福的关键。

> 一项被认为不重要的技能，可能正是获得成功和幸福的关键。

　　我们将在附录中为你列出各个优势领域的名人，他们有主持人、律师、科学家、建筑师以及奥斯卡奖得主。如果你和这个名单上的任何一个人交谈，我敢保证他们中的一些人会解释说，他们成功的优势源于阅读障碍经历：他们已经把自己的优势和劣势完全联系起来了。一位有阅读障碍的电影制作人可能在视觉化场景或镜头角度方面有特殊的技巧，因为他花费了更多的时间看书中的图片而非文字。一名有阅读障碍的演员可能会发展出能在 10 分钟内转换五种不同性格的能力，以此摆脱在校长办公室里的麻烦。最重要的是，他们都学会了适应和主动，以及其他一些态度和方法，我们将在本章稍后的部分中回顾这些态度和方法——对他们的职业生涯大有帮助的世界观。

支持孩子的优势

作为父母，你要向你的孩子表达，你会拥抱他的优点，爱他并接受他本来的样子。换句话说，让他成为他想成为的人。当你看到他对某事很感兴趣时，就让他做决定吧。如果你的孩子需要一套架子鼓或他很喜欢火车，那就看看这些兴趣能带他去往哪里，让他尽情追随梦想。这种特殊的兴趣可能会成为某种优势，可以让你的孩子走上成功的道路。附录 4 中列出的每一个人青少年时期的在校表现都很糟糕，但最终他们每个人都找到了自己真正擅长和热爱的东西，并坚持了下去。如果我们根据他们的劣势来评价他们，这些人都不会出现在这份名单上。

向你的孩子表达，你会拥抱他的优点，爱他并接受他本来的样子。

帮助孩子培养心理韧性，培养能发挥优势技能的最好方法之一，就是让他参加建立在这些优势之上或为这些优势服务的活动或课程。也就是说，重要的是你要确保活动本身是以支持孩子优势的方式进行。举个例子，与视觉推理相关的活动，比如图形小说课，如果它依然是用传统教科书来进行，又有什么用呢？或者，以动觉为导向的舞蹈课，如果用手写的方式来教舞步，又有什么用呢？一定要设法将孩子需要的特殊学习支持（见第 6 章）融入孩子感兴趣的活动中，让他充分接触喜欢的事物。

你的孩子能够且应该掌握自己的核心技能。这项技能可能是，一个有动觉能力的孩子能看到橄榄球队的新防守方式，或者是一个社交能力很强的孩子创造出一个支持联盟，让他得以当选为学生会的一员。重要的是要让你的孩子处于能够发展优势的环境中。下面列出了一些活动（表 3-5），可以发挥孩子的相应优势。

表 3-5　可发挥优势的活动

优势领域	活动		
语言能力	表演课程	讲故事课程	辩论俱乐部
社交能力	（成为）当地慈善机构的领导人	（成为）俱乐部领导人	（成为）运动队队长
空间能力	校际机器人挑战赛	金属加工或木工课程	手工课程
动觉能力	体育项目（任选三项试试）	舞蹈课程	远足、定向运动或露营俱乐部
视觉能力	绘画课程	视频游戏图形课程	参与学校壁画创作
叙事能力	英语和写作课程（配备有声读物和语音转文本软件，见第 6 章）	电影制作课程	动漫课程

续表

优势领域	活动		
音乐能力	让您的孩子接触不同的乐器，报名参加引人入胜的课程	声乐课程	加入乐队

充分利用孩子的优势

除了让孩子参加能发展优势的活动，你还需要尽可能地为孩子创造空间，让他在课堂上发挥优势、验证优势。根据我的优势，一位学习专家向我母亲建议，我必须想办法以非常规方式完成功课，尤其是书面报告。例如，专家建议我提交读书报告的录音，而不是书面材料。我的母亲认为这是一个好主意，她去与学校商议，学校同意了。然而母亲带给我这个好消息，我却很不高兴。我坚持要像其他人一样写论文。我不想要特殊对待，因为这让我觉得自己很愚蠢。我对自己的劣势感到羞愧，因此不愿利用自己的优势。

在这种情况下，可以采用折中的办法来化解我的固执。首先，我可以利用我的优势做一个口头报告，然后再采用书面方式提交作业。杰米斯学校（The Jemicy School）是马里兰州一所专为有学习障碍的孩子开设的私立学校，它开发了这种模式。当孩子在高中做学期论文时，学校会让孩子以自己擅长的方式来展现学习内容，可能是通过音频、印刷品，也可能是视觉作品呈现，包括雕塑、视频，甚至卡通。简而言之，学生可以用任何他擅长的形式写论文。接着，当学生能够用自己的方法证明已掌握的学习内容，比如说，掌握了美国内战的历史，学校便会教导他如何以书面形式写一篇关于美国内战的学期论文。学习内容（例如，斯通沃尔·杰克逊将军是谁）与呈现该内容的形式（例如，一篇脚注清晰的学期论文）是两回事，要明白论文本身并不能证明撰写者对学习内容的掌握程度。这种分阶段的学习方法既可以利用学生的优势，也可以帮助他们克服弱点。

学习内容与呈现该内容的形式是两回事。

态度决定一切

你或许已经知道或即将发现，大多数服务于学习障碍者的工作人员都把补救作为最终目标。这样做的逻辑是，你的孩子是有缺陷的，如果你做了正确的事情，那么专家就可以把孩子"修复"好。我已经说得很清楚，这套理论存在严重缺陷，一旦失败，就会造成病态的自我厌恶。它忽略了一个关键点：有些特定的态度和习惯会对你的孩子能否在学校和其他地方发挥优势产生巨大的影响。

想想我自己和我身边那些成功的阅读障碍同龄人的例子，我们中很少有人擅长视觉阅读，我们中也没有人能很好地拼写。但我们学到的大部分重要技能都在情感领域，这让我们有心理韧性，并能很好地利用外部支持。这不仅是我的观点，甚至也不仅局限于我系统观察的结果。哈佛医学院的儿童心理学家罗伯特·布鲁克斯（Robert Brooks）博士和他在美国犹他大学的同事山姆·戈德斯坦（Sam Goldstein）一直在研究儿童 [包括患有特殊学习障碍（SLDs）和（或）注意缺陷与多动障碍（ADHD）的儿童] 的心理韧性。他们强调，培养优势是让孩子拥有走出逆境的能力的好方法。

特定的态度和习惯会对
你的孩子能否在学校和
其他地方发挥优势产生
巨大的影响。

现在你对孩子的优势有了更好的了解，你应该开始在孩子承担的任务中强调这些优势，并赞扬他在使用这些技能方面做得很好。布鲁克斯博士和戈德斯坦一致认为，你能为孩子做的最重要的事情之一就是无条件地接受他的优点和缺点。这意味着当孩子犯错时不要攻击他，鼓励他在自己擅长的领域参与活动，而不只是父母感兴趣的领域。

每个孩子都需要有一个成年人来指导并接受他本来的样子。除了父母之外，孩子们还可以向其他任何值得信任的人求助。在某个领域（基于你对孩子优势的评估）寻找能帮助他茁壮成长的导师。如果他特别有音乐天赋，那这个人可以是能教他演奏乐器的人；如果他热爱动觉学习，那这个人就可以是舞蹈队的编舞。

培养孩子解决问题的模式也是非常重要的。布鲁克斯博士和戈德斯坦强调，对孩子来说，从对世界有意义、有贡献的事件中获得价值感是很重要的。从长远来看，让孩子意识到自己的能力和价值，将有助于培养孩子的心理韧性。这包括赋予他与其技能水平相匹配无条件地接受孩子的优点和缺点。当孩子犯错时不要攻击他，鼓励他在自己擅长的领域参与活动，而不只是父母感兴趣的领域。

的家庭责任：小到每晚收拾碗筷，大到帮你粉刷房间；也可以是一项志愿者活动（比如，让你的孩子帮忙给学校送饭，或者教年纪更小的学生如何做运动）。

布鲁克斯博士和戈德斯坦的研究还指出，当初始计划行不通时，有必要开发备份解决方案。孩子们拥有运用技巧的能力，这将帮助他们专注于任务或学习，所以让他们参与设计解决方案、处理错误，就是提供机会让他们参与解决问题。这种思维模式会导致对话以"我们下次如何能做得更好？"或者"什么样的支持帮助让你在将来更容易做到这一点？"开头，而不是以"你还不够努力！"或者"你为什么不更专注些呢？"

心理韧性和其他情感技能可以促进成功，这一普遍原则已经在阅读障碍和其他特殊学习障碍的群体中得到了具体的证明。加州帕萨迪纳市的佛洛斯蒂格中心（Frostig Center）在 20 世纪 90 年代末进行的一项研究，揭示了一个惊人的结果。该中心隶属于一所同名学校，专门教授有学习障碍的学生，包括有阅读障碍的学生。研究人员进行了一项长达 20 年的纵向研究，旨在找寻从该校毕业的学习障碍学生中，在成年后获得积极成就的相关因素。研究结果表明，"人生成功"在很大程度上取决于个体的态度、行为和性格，而不是学术成就、智商或社会背景等具体因素。主要作者之一的马歇尔·拉斯金德（Marshall Raskind），他后来成为查理和海伦·施瓦布基金会（Charles and Helen Schwab Foundation）的研究主任，该基金会运营着一个研究推广学习和注意力问题的项目。他的研究表明，在校学生的智商或学业成绩在解释他们成长变化的原因方面仅具有 0%～5% 的预测力。而情感和态度倾向上的成功属性（研究列举了 6种：自我意识、毅力、主动性、情绪稳定、目标设定和社会支持系统）解释了学生成长变化中 49%～75% 的差异。换句话说，学习成绩和智商几乎不能预测这些阅读障碍学生的未来。最重要的是是否拥有很快从失败中重新振作、获取他人帮助并采取行动的能力。

研究人员将这几个层面作为衡量成功的标准：良好的工作、受教育程度、稳定的家庭生活。在这项研究中，阅读障碍者的未来发展往往趋向于高潮和低谷的两个极端。举个例子，一位毕业生 35 岁时在加州经营着自己的软件公司。另一位毕业生也是 35 岁，因谋杀罪被判终身监禁。他们中的任何一个都可能是高智商，事实上，他们可能都有很强的语言或叙事能力。但情绪掌控能力与他们发展结果的相关性最为密切。

与专注于阅读障碍领域的文献不同，一般的心理韧性相关文献建立在大量的数据收集之上。在一项 1955 年开始于夏威夷考艾岛的纵向研究中，研究人员追踪了当年出生的 698 名婴儿的生活。在接下来的 32 年里，定期跟踪研究对象的成长进展。大约 1/3 的学生生活在高风险环境中，比如家庭成员有慢性精神疾病、酗酒等问题，或家庭氛围严重不和。在这大约 200 名学生中，仅有 1/2 的人能像在稳定家庭中长大的人一般，获得长期的成功。研究人员将这些孩子的成功与他们的心理韧性联系在一起，表明即使情况对他们不利，正确的态度倾向也可以改变他们的人生历程。这项研究的结果为布鲁克斯博士和戈德斯坦的结论增加了实证的分量，即成年人给予孩子无条件的爱、让孩子承担他能承担的责任，对培养孩子的心理韧性很重要。总的来说，乐观的态度和战胜困难的意识是建立心理韧性的最重要因素。作为一名家长，在充满希望的、积极的心态下与孩子谈论阅读障碍是开启这条道路的一个很好的方式。

接下来的练习，目的是评估你孩子的态度倾向，并为改善设置一个基线。有了这种洞察力，你的孩子就会更有可能进入成功的群体，而不是受挫的群体。几乎所有阅读障碍的孩子——事实上，也包括大多数阅读障碍的成年人——在第一次练习时的得分都非常低。这是因为如果没有本书中所描述的框架支持，他们通常会认为自己有问题。作为父母，你的职责是通过与孩子讨论书中的故事和建议，将这些信息融入你们的日常生活中，帮助孩子发展潜在的技能。六个月后，你会看到这些措施带来的改善。如果一切按照计划进行，两年后，你的孩子将会在许多方面表现卓越。请将此视为孩子未来发展的蓝图，而不是仅仅用来评估孩子现在所在的等级。

该评估采用了佛洛斯蒂格中心研究概述的方法，以及上述一般心理韧性相关文献中的材料。我还在商学院接受的组织行为培训的基础上，整合了我在英特尔担任接入技术主管时，对400多名相关障碍人士的采访经验。最后，我还结合了对勇往直前国度（Headstrong Nation）核心成员的采访。勇往直前国度由一群来自不同领域的阅读障碍组织的领导者组成，他们每年聚集一次，讨论我们社群的未来。勇往直前国度的核心成员包括天体物理学家、奥斯卡获奖制片人、艾美奖获奖演员，以及为城市治理问题提供咨询的前囚犯。每个勇往直前国度的成员都在这些核心领域展示了自己的优势：

心理韧性

特殊学习障碍的整合

自我意识

积极主动

情绪稳定

目标设定

社会支持

可能性思维

下面的工具"希望之星"（表3-6）分析了相同的关键态度和倾向，这是训练你的孩子走向成功所需方法的起点。

表 3-6 希望之星

心理韧性					
描述	极其 准确	非常 准确	基本 准确	有点 准确	一点也 不准确
遭遇逆境仍继续前进——如在第一轮选拔没有被运动队选中的情况下，仍坚持选择某项运动。	5	4	3	2	1
谈论困难时称其为学习的一部分——如"有时候，你不能第一次就把事情做好"。	5	4	3	2	1
将自己描述为"一个坚持下去的人""一个不轻易放弃的人"，或者"一个坚强的孩子"。	5	4	3	2	1
认为每个人都不是完美的，也可以讨论那些对他来说的英雄人物所犯的错误——如"勒布朗的球队在 2011 年的决赛中输给了达拉斯，但他努力训练，并在第二年赢得了胜利"。	5	4	3	2	1
轻松地谈论过去的错误——如"好家伙！我一开始画得很糟糕，但现在好多了"。	5	4	3	2	1
总得分					

特殊学习障碍的整合					
描述	极其 准确	非常 准确	基本 准确	有点 准确	一点也 不准确
轻松地使用阅读障碍、学习障碍或相关的个人特质术语向新朋友或熟人描述自己。	5	4	3	2	1
解释自己的阅读障碍或个人特质如何与学校或生活中的事件相关——例如，"我听有声读物，因为我不擅长视觉阅读，擅长听觉阅读"。	5	4	3	2	1
以深思熟虑的方式展示自己的优劣势——如向老师解释："当我用眼睛阅读时，就好像我的手机通话时信号不好一样；而使用语音转化功能阅读时就听得清晰得多，像用有线电话通话一样"。	5	4	3	2	1

续表

特殊学习障碍的整合					
描述	极其准确	非常准确	基本准确	有点准确	一点也不准确
与其他接受特殊教育的学生或有残障的学生相处融洽（也就是说，不会表现出"那些孩子有智力缺陷"的态度）。	5	4	3	2	1
赞扬那些试图帮助他的人——如"我与琼斯女士相处得不错"（而不是说"琼斯女士很蠢，我讨厌她"）。	5	4	3	2	1
总得分					

自我意识					
描述	极其准确	非常准确	基本准确	有点准确	一点也不准确
以一种就事论事的方式提及与阅读障碍有关的优势和劣势——例如，"我很擅长与人交谈"或"我不是很擅长拼写"。	5	4	3	2	1
谈论与阅读障碍无关的习惯和特征——如"我跑得很快"或"我有时会忘记打扫我住的地方"。	5	4	3	2	1
能够意识到并有办法减轻或管理压力——如通过画画或与朋友聊天。	5	4	3	2	1
对可以帮助他改善生活的反馈感兴趣。	5	4	3	2	1
能够注意到他伤害了别人的感情或帮助了别人，并对此做出评价——例如，"我说了那些话后应该道歉"或"当我提出教艾利克斯如何玩冒险游戏时，我帮了他很多"。	5	4	3	2	1
总得分					

续表

积极主动					
描述	极其准确	非常准确	基本准确	有点准确	一点也不准确
能快速做出决定，既包括小决定（如"我想要晚餐吃鱼条"）也包括大决定（如"我想在今年秋天加入童子军"）。	5	4	3	2	1
谈论他在生活中做出改变的动力——如"我要学习打鼓"或"我对恐龙很感兴趣，打算更多地了解它们"。	5	4	3	2	1
参与到社区、社会和家庭活动中，与人们交谈，成为社会场景的一部分。	5	4	3	2	1
可以在不被督促或施压的情况下开展项目——自己能维持爱好，比如绘画或收集岩石。	5	4	3	2	1
建议家人或一群朋友尝试新事物——如"下周我们去参加卡丁车比赛怎么样？"	5	4	3	2	1
总得分					

情绪稳定					
描述	极其准确	非常准确	基本准确	有点准确	一点也不准确
表现出平衡的情绪状态，做出的反应与事件的严重程度成正比——如"我得了C，感觉很沮丧"，而不是发脾气。	5	4	3	2	1
与同龄人之间有丰富且有意义的友谊——也就是说，有两个及以上朋友，会花时间和他们在一起，并感到彼此有联结。	5	4	3	2	1
定期参加社会活动——如参加生日聚会或参加学校俱乐部。	5	4	3	2	1

续表

情绪稳定					
描述	极其准确	非常准确	基本准确	有点准确	一点也不准确
积极乐观、充满希望——如"我认为情况会好转"或"我打赌这次会成功"。	5	4	3	2	1
乐于接受反馈,当人们告诉他如何能做得更好,或别人的感情受到伤害时,他会倾听,并且在下次做出改变。	5	4	3	2	1
总得分					

目标设定					
描述	极其准确	非常准确	基本准确	有点准确	一点也不准确
制订未来计划——如"我想存钱买个新滑板"或"明年我想加入欢乐合唱团"。	5	4	3	2	1
谈论目前的目标——如"我要学习演奏这首曲子"或"我想参加明年到华盛顿特区的学校旅行"。	5	4	3	2	1
理解目标设定需循序渐进——如"我想先学会玩悠悠球,再学习一些技巧"。	5	4	3	2	1
设定可以实现的目标——如"我想学用筷子弹钢琴"(而不是"我想成为泰勒·斯威夫特")。	5	4	3	2	1
有整体发展的总目标——如"我喜欢建造东西,我想做更多让我可以建造的事情"。	5	4	3	2	1
总得分					

续表

社会支持					
描述	极其准确	非常准确	基本准确	有点准确	一点也不准确
积极地从朋友和家人那里寻求支持，获得指导或鼓励——如"我想成为一名优秀的户外探险家。这周末你能教我如何打结吗？"	5	4	3	2	1
家人和朋友可以为他设定切合实际的目标——如"我们希望他今年的成绩上升10%"（而不是"如果他进不了校队，那他就是没有努力"）。	5	4	3	2	1
他表达过，他能从亲近的人那里得到指导和鼓励。	5	4	3	2	1
坦然地接受来自家人或导师的帮助——如"戏剧老师会帮助我记住台词"（而不是"我不想让他知道我还记不住台词"）。	5	4	3	2	1
与老师和导师保持联系——如"去年我告诉琼斯老师，我参加了科学夏令营，她很高兴"。	5	4	3	2	1
总得分					

可能性思维					
描述	极其准确	非常准确	基本准确	有点准确	一点也不准确
喜欢尝试新的食物、结交新朋友，或者尝试新的爱好。	5	4	3	2	1
有开创新活动的高度倾向——如尝试一种新的上学方式、一种新的穿衣方式或一种新的运动训练方式——先小幅度尝试，不起作用时再修改。	5	4	3	2	1

续表

可能性思维					
描述	极其 准确	非常 准确	基本 准确	有点 准确	一点也 不准确
不断质疑人们对"什么是可能的、什么是合适的"的常规认知，询问我们为什么要用这种方式去做，或者我们将来是否可以用另一种方式去做。	5	4	3	2	1
当同学或老师不同意他处理问题的方式时，他愿意接受批评——如"大多数人认为烹饪不适合男孩，但我想尝试一下"。	5	4	3	2	1
对以不同方式看待世界的人群充满兴趣；对从新的人和实践中学习经验持开放态度——如"今年夏天我们可以接待一个交换生吗？我想了解日本"。	5	4	3	2	1
总得分					

与"优势之星"部分一样，根据每个部分的总分数，在相应的轴上画一个点（见图 3-4）。标记完每个点后，画线将轴上的点与点相连。请记住，现阶段这些线段几乎肯定会紧紧围绕星星的中心，但随着时间的推移，当你的孩子开始发展这些技能时，这颗星就会更加饱满。

有了这个基线，你就可以看到孩子的态度倾向优势在哪里。你将看到他走向长期成功的种子。如果他在心理韧性方面得分很高，你要帮助他把那份小火苗燃成更猛烈的火焰，告诉他并非所有事情都能第一次就成功，多尝试几次很重要。需要明确的是，这里并没有什么意味着成功的神奇数字。你应该追寻孩子随着时间的推移而逐步取得的进步，而不是一个确定的结果。

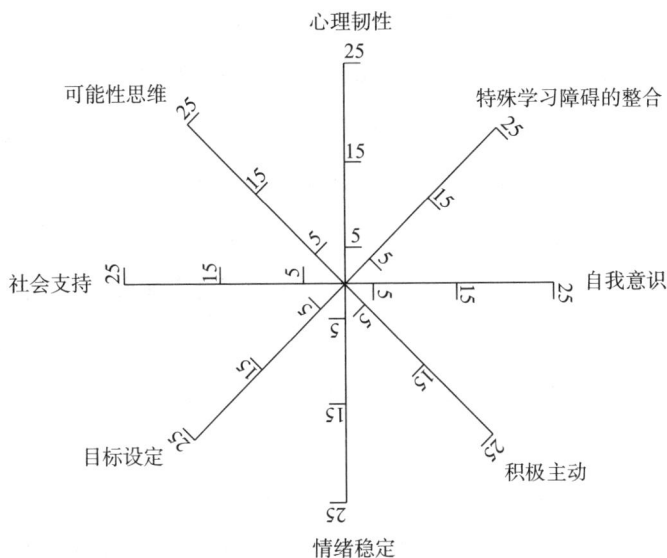

心理韧性
25
15
5
可能性思维 25
15
5
特殊学习障碍的整合 25
15
5
社会支持 25 15 5 5 15 25 自我意识
5 5
15 15
目标设定 25 积极主动 25
25
情绪稳定

图 3-4　希望之星

通过采取一些小练习，你也能取得实质性的进步。如果"设定目标"对于现在的你们来说是一个挑战，那就从一些与阅读或阅读障碍无关的小目标开始，建立这种能力。一开始，你可能会专注于孩子原本便热衷的爱好。如果他对恐龙很感兴趣，就和他一起学习10 种恐龙的名字，然后答应他去博物馆参观，或者和朋友一起看《侏罗纪公园》。这里需要注意的是，我并没有指出像"正确拼写名字"或"在测验中获得 A"这样的目标，相反，我建议你围绕着孩子喜欢的事情或强项来教孩子学会设定目标的核心技能。一旦他在无威胁的环境中掌握了这种能力，就可以将目标设定或其他技能应用于更艰难的活动。当每个小目标实现时，庆祝成功与目标设定的积极联系，将帮助孩子沿着更多方向发展。

与其他领域一样，羞耻感会影响孩子在每个主要领域的态度倾向。感到羞耻的人，心理韧性会更弱，因为他们会把每一个小错误都内化为自己的过错，认为结果造成的影响会比实际情况更严重。他们不愿意承认、整合他们的阅读障碍，因为他们觉得这个缺陷本身就是一种失败。那些容易羞愧的人，自我意识非常有限，他们认为自己的性格本质就是不好的，这让他们没有机会看到更全面的观点，会导致他们的主动性大大降低，因为每向前走一步，就会有暴露的风险，从而更增加羞耻感。他们的情绪稳定性很差，当他们清楚地发现自己未能成功时，爆发愤怒就成为一种防御机制，或者当他们发现自己的缺陷可能会影响他们融入集体时，会出现严重的抑郁症。因此，他们不太可能参与理性的目标设定，要么因为抑郁干扰制订未来计划的能力，要么因为他们担心自己会更加失望而限制自己的目标。一个因自己有阅读障碍而感到羞耻的人更不可能会利用社会支持，也不会主动寻求社群帮助。具有讽刺意味的是，社群才是羞耻感的解药（我将在第 7 章详细讨论这一点）。

最后，感到羞耻的人不太可能看到新的可能性，也不愿意尝试新事物。但是，对于不得要领，一直在寻找创造性或出人意料的路径，寻求不同的学习方式的阅读障碍者来说，看到新的可能性并愿意尝试新事物，是成功的基本属性。

如何善用这些数据

每个人都担心阅读障碍者遭遇失败。比起失败，我更关心的是从失败中复原的质量。一个遭遇失败但仍然不断尝试的人，最终都会成功。事实上，我们有一个词来形容这样的人：企业家。

你现在有一份清单，上面列出了你的孩子擅长的事情，同时也清楚地表明他在追求梦想时需要培养的情感技能和态度倾向。你也有一个框架，可以让你找到培养他的情感技能和态度倾向的方法。除了"特殊学习障碍整合"这一类别外，所有这些技能都符合创业型思想者的特征，无论他有没有阅读障碍。为什么美国 35% 的企业家都有阅读障碍，我认为这是因为阅读障碍者们必须发展这些核心的情感技能，才能读完小学。我们的主流学生可能不需要拥有心理韧性或自我意识就可以安然度过小学，他们可能没有必要在受挫和被打击的情况下还要积极主动，他们不需要发展适应性的稳定情绪或拥有明确的目标设定。有阅读障碍的小学 3 年级学生，如果能说服朋友给他讲书中的内容，就很好地使用了主动性；一位有阅读障碍的青少年在发现自己可以租到所有的莎士比亚戏剧影像后，决定参加关于莎士比亚的英语课，这就是在培养思考可能性的技能。

用阅读障碍激励自己

不管你的孩子选择什么样的职业道路，运用企业家思维都能很好地为其职业道路服务。杰克·霍纳（Jack Horner），蒙大拿州立大学荣誉学院古生物学荣誉教授，是麦克阿瑟基金会天才奖的获得者，也是《侏罗纪公园》的科学顾问，他甚至给了史蒂文·斯皮尔伯格（Steven Spielberg）灵感，以他为原型塑造了电影中的角色。他有阅读障碍，没有大学学位。当霍纳解释赢得麦克阿瑟奖的原因时，他讲述了自己发现恐龙胚胎的经历。在 100 多年前，人们就发现了恐龙蛋，许多博物馆都自豪地将之列为藏品之一。当霍纳在蒙大拿州的挖掘现场发现一窝恐龙蛋时，他决定做一件其他博物馆都不愿意做的事——他是这样描述的："我有一个工具，可以让我发现恐龙的胚胎——锤子。"我看过他最初用锤子砸恐龙蛋的照片。他用橡皮筋把恐龙蛋碎片绑在一起，然后把它们粘在一起。用他的话来说："胶水很便宜。"看到这种可能性的人是天才，而采取行动的人也是天才。

类似的"锤子"在很多领域都可以看到。研究野生动物的自然学家杰克·劳斯（Jack Laws），编写了一本与众不同的野外指南。大多数指南根据属、地区或其他等级分类系统划分动物（或鸟类）。但当一个人在外出徒步旅行，想要查询一只鸟时，他首先注意到的是颜色和大小，所以劳斯将野外指南按照颜色和大小进行分类。如果你想查询一只黄色小鸟，首先翻到"黄色"部分，然后在"小"条目下寻找。这两个人的经历都说明，阅读障碍者善于利用自己的能力跳出系统固有框架进行思考并看到其他的可能性。

阅读障碍者习惯于忽视传统思维方式，因为它通常会让我们处于不利的地位。相反，阅读障碍者们会不断评估如何利用个人优势和可用资源，在动态中制定目标，同时创造性地应对新的突发事件。这适用于商业，也适用于学校、艺术或你的孩子可能选择的其他任何领域。

再次强调，你的孩子必须整合情感体验才能做好这件事。

20世纪最成功的阅读障碍者之一巴顿将军，他的故事就很好地说明了这一点。巴顿将军可以说是美国陆军有史以来最好的战斗指挥官，有些人甚至说他是第二次世界大战中最好的战斗指挥官。他在学习文本方面的困难使他严重受挫。因为第一次考试成绩不理想，他考了两次才考进西点军校。在西点军校的第一年，因为数学不及格，英语成绩又在班里排第139位（那年排名倒数10%），他不得不留级。巴顿将军在写给父亲的家信中悲痛欲绝，字里行间的恐惧和痛苦像极了我从无数阅读障碍青少年那里听到的：

我几乎绝望了。我不知道怎么回事，我肯定努力学习了……我讨厌排名这么低，因为我觉得我比那些排名更高的人更聪明……当你如此努力学习，看到一群你根本不在乎的傻瓜将你打败是多么令人恼火……除了自己一文不值外，我想不出其他任何事情，所以我就此搁笔。

你的山羊儿子，

小乔治·S.巴顿

巴顿将军是一名击剑高手，他在 28 岁时重新设计了所有军官在正式活动中必须携带的佩剑（现在俗称"巴顿军刀"）。他持续对坦克战进行了改革。在第一次世界大战中，坦克是大型机器，笨重又缓慢。巴顿将这座堡垒变成了快速移动的"骑兵"。因此，在世界历史上，巴顿在负责占领欧洲大陆时，比任何人都用时更短、占领土地更广。最后，他还将法国从纳粹政权下解放出来。但在职业生涯的开始，他还认为自己"一文不值"。学校给他的排名如此之低，这是学校出了问题，还是巴顿出了问题？我在他富有创新精神的头脑中看到了阅读障碍者强大而惊人的特征。在巴顿离开学校，并开始运用自己的心理韧性、主动性和可能性思维时，他才开始真正的成长。他的远见卓识——速度胜过装甲的战略意义，以及通过激励士兵来领导军队的能力，使他成为一名伟大的领袖。我认为，正是运用企业家思维、掌握我在前文所列的情感技巧，才造就了巴顿的与众不同。这些技能对你的孩子也有同样的作用。

你的孩子应该有远大的理想，并且能够通过专注于优势来实现理想。要做到这一点，他应该从《巨型海龟》（The Giant Sea Turtle）的寓言中寻找答案，这是俄亥俄州辛辛那提劳伦斯学院院长卢·萨尔扎（Lou Salza）告诉我的：

穿过海滩时，巨大的海龟看起来很笨拙，它扬起沙子，慢慢地挪动着自己。一旦它进入水中，海龟可以潜得更深，游得更优雅，比海洋中大多数动物都活得更长。如果你的孩子能在学校的海滩上克服固有的困难，并能在生活的海洋中生存下来，他就是成功的。如果你能改变学校的本质，让它更像生活，孩子可以依靠自己的优势，并在弥补弱势上得到帮助，你将很快看到成功。

穿过海滩时，巨大的海龟看起来很笨拙，一旦它进入水中，海龟可以潜得更深，游得更优雅，比海洋中大多数动物都活得更长。

第二部分

赋能计划

第 4 章

梦想要远大

每个孩子都需要经历历练才能成长、成熟起来。帮助你的孩子选择适当的挑战，充分发挥他的才能和特质，这一点十分重要。

在军队中，军官会教导士兵们学习如何将其想法组织、转化为目标、战略和战术。他们要学会从大局出发，制订周密而有条不紊的计划，从而实现预期的目标。将"梦想、学习目标和任务"替换为"目标、战略和战术"，你也可以将这种军事思维用于帮助阅读障碍儿童。孩子们的梦想可能是想在学校内外都获得成就。为了实现这些目标，他们需要有明确的学习目标帮助他们实现梦想，然后通过完成特定的学习任务、熟练掌握特定的技能、改善学习态度，实现这些目标。

追寻梦想和目标的过程，对每个人来说都很复杂，大多数人会通过学校系统来找到人生道路，并成就梦想。但对于有阅读障碍的孩子来说，这种路径并不适用，对他们来说，学校是一个不太友好的环境，不幸的是，许多人离开学校后仍对未来感到绝望。通常我们应对这种焦虑的方式，是让孩子努力去适应学校的标准体系，即使这种体系并不适合孩子，这其实是一种掩耳盗铃的行为。有的孩子会奋力"反抗"，从而导致了一些行为问题，也会让孩子在学校遇到麻烦。

这些途径都不能让孩子弄清楚他可以成为什么样的人。由于视觉阅读是学校提供的唯一的学习途径，阅读障碍儿童可能不相信自己也和其他人一样拥有才华，或者无法找到鼓舞人心的榜样人物。一旦他们在生活中找到了自己热爱的事情，找到了生活中的激情，传统的学习途径往往会因没有合适的支持方案（accommodations）而走不通。作为父母，你要做的是扔掉孩子脑海中的剧本，去除贴在他身上的"懒"或"笨"的标签，为他创造一切能实现远大梦想的机会。

你要做的是扔掉孩子脑海中的剧本，去除贴在他身上的"懒"或"笨"的标签，为他创造一切能实现远大梦想的机会。

当你考虑如何帮助孩子建立梦想、目标和任务时，请尽可能考虑所有选项，包括那些非主流的方法。比如，在餐厅点餐，需要经过这样几个步骤：先找位置坐下，服务员过来并递来菜单，我们看菜单，选择喜欢的菜，然后点单，享受美食，买单，最后离开。但是对于像我这样有阅读障碍的人来说，这个过程必须以不同的方式操作。我几乎从来不通过菜单点餐。菜单上经常有对我来说非常困难的词，如果它们是外语的话，尤为困难，我知道我没办法把这些难词从菜单上弄走。最近我和一位同样患有阅读障碍的朋友外出就餐，她向女服务员解释说她想要牡蛎（oyster）比萨。"我从来没有听说过比萨上有牡蛎。"朋友说："那我们试试看吧！"服务员有些不屑地看了她一眼，说道："先生，那是平菇（oyster mushroom）！"（在英语中，牡蛎是 oyster，而平菇是 oyster mushroom，阅读障碍者经常会看漏单词。）

虽然我们俩一笑了之，但我还是想要尽可能避免这种情况。像许多阅读障碍者一样，我发展出了许多技巧，以便我可以更轻松地浏览菜单。如果我和熟悉的人在一起，我可能会请他们中的一个人大声朗读菜单。如果我身边带着电子设备，比如英特尔阅读器，我会将菜单转化成语音，然后当场播放，用耳朵听菜单。其他时候我会转向服务员，询问今天有什么好吃的。我经常通过简短的聊天来了解厨师最擅长做什么——也许贻贝很新鲜，或者鲑鱼是店里的招牌菜，而且马上就要卖完了。如果这些尝试都失败了，我会选择最后一个点菜，看看其他人都点了什么。通常，我都可以成功下单。如果我的用餐伙伴已经点了我感兴趣的东西，我会点他们可能想尝试的菜，然后交换着尝一尝。无论我选择哪种策略，大多数人都不会注意到我点餐的过程与普通人不同。实际上，我的方法是找到自己的方式来完成任务。我通常会特意提起我有阅读障碍，我发现这能拉近我和他人的距离，但如果情况不允许的话，最好还是能有其他的选择。

如果点餐是一项任务，那么它的目标是什么呢？当你家里没有食物时，前往餐厅只是一种吃东西的方式，但这也可能有多个社会和文化层面的含义：可能是第一次约会，也可能是结婚十周年纪念日，你也可能正在与潜在雇主或者是你未来的导师会面。上述任何一个场景，都会影响用餐的目的，例如去哪家餐馆或点些什么菜。如果是庆祝周年纪念日，要一瓶高档香槟似乎是完全合理的，但如果是与潜在老板用餐的话似乎就不太合适了。例如，当我第一次制作电影《不屈不挠》（*Headstrong*）时，在一次晚宴上我被介绍给了一位潜在的投资人，这个人是福特汽车公司的前首席执行官。在那顿饭中，我没怎么关注具体吃了什么，而是努力地寻找合适的机会谈论我的阅读障碍，以使我能够从他那里获得对项目的大力支持。

在你的帮助下，你的孩子可以通过做许多不同的事情来找到实现目标和梦想的最佳方式。这可能包括尝试各种不同的选择；通过与信赖的人交谈，获知自己有哪些选择；获得改变的决心；觉察哪些梦想来自外界，哪些来自内心。

识别真正的梦想

发现孩子的梦想对任何父母来说都是极其困难的，因为孩子是善变的——在不同的年龄段，他们可能有不同的爱好。在学龄前，你的女儿可能因为喜欢芭蕾舞裙而想要成为芭蕾舞演员；在二年级时，她可能会宣布自己想成为一名教师；到五年级时，她可能会确信成为职业运动员是她唯一的出路；到十年级时，她可能已经决定要成为一名法官了（可能是因为看了太多的律政电视剧）。

要允许孩子做梦。生活在自由民主的社会当中，你的孩子已经拥有了天然的优势，他的生活有无限可能，而不是一出生就被限定了。作为父母，你的任务是为孩子提供机会，让他能够探索个人兴趣和才能。你还可以将自己的智慧和经验传授给孩子，并思考你的孩子是什么样的人，什么使他最快乐，以及他将如何适应这个竞争激烈的世界。

要允许孩子做梦。

我们在上一章中完成的练习可以让你很好地了解孩子的三大优势。这为帮助他专注于梦想提供了一个好的开端。虽然肯定有一些人在最初并不具备显著优势的领域里取得了巨大成功，但通常的情况是，如果你擅长某件事，你很可能会想方设法让自己喜欢上这件事并以此为职业。如果你发现你孩子的三大优势是语言能力、叙事能力和社交能力，他可能适合成为演员、营销主管，甚至是政府官员。这些职业都利用了这三个优势。鉴于孩子拥有这些特质，他似乎不太可能喜欢担任图书管理员、软件工程师或平面设计师，这些职业都专注于非语言能力和更独立的活动。

另一种帮助确定梦想的方法是让你的孩子多参加能施展核心优势的活动。用第 3 章里的清单来协助你，找到大量的适合孩子特质的活动。通过这样做，你可以避免那些总让孩子感到很丢脸的事情，那些别人轻而易举他却总是做不好的事情。阅读障碍儿童通常会喜欢参加一些活动向世界证明自己没有阅读障碍。

回想一下我三年级去参加书签比赛的事吧。我对书签没什么特别的兴趣，它们实际上是一种我无法破解的视觉阅读密码的象征，一个让我害怕的密码。这正是我对制作和获奖充满热情的原因。如果我真的热爱书籍和阅读，我会制作几十个书签，但我非常有策略，只制作了一个；它让我实现了我真正的梦想——在图书馆里取得一个奖项，然后我就去做其他事了。

以下是你的孩子可能将梦想作为某种伪装的迹象：

■ 聚焦于或依赖于第 3 章中显示为劣势的领域。

■ 任何以拼写、阅读或看起来像"聪明的孩子"为中心的活动都应立即受到怀疑。孩子有没有宣称尽管自己的字写得很糟糕，但他想在学校赢得书法比赛？孩子是不是总是随身带着好几本书，但你从来没有看到他读过这几本书？

■ 在大多数人都不会受伤的活动中，你的孩子却受伤了。当伪装活动的压力水平很高时，就会发生这种情况，因为孩子非常想要赢，而且他想依靠自己的弱点来取得成功。孩子是不是报名了一场必须背台词的戏剧，然后从舞台上摔下来撞到膝盖，所以他不得不退出？

■ 孩子为了做好某事而承担不合理的风险。可能是在运动中表现鲁莽，以至于伤害到他人或自己。或者也可能是孩子为了实现目标而作弊。

■ 孩子关注结果，而不是活动的过程。他是否仅根据公众认可度（例如奖项或头衔）来衡量自己的成就？除非他达到特定水平，否则他就认为自己完全失败？

■ 孩子假装使用他的弱项，例如视觉阅读完成一项活动，但实际上却在暗地里通过发挥自己的长处来跟上大家。

■ 孩子是不是通过你给他读的内容记住了故事，然后假装自己在大声朗读？大一点的孩子可能会通过对情节要点中的模糊细节来谈论自己没有读过的书，而这些细节是他们从根据该书改编的电影中获得的。

要关注这些警告信号，这很重要，因为孩子在一项活动中投入的时间越多，就越能说服自己这是他们的梦想。擅长你不喜欢的事情并不是一件好事。我见过一些从业 10 年的律师，承认他们从不享受自己的工作，感觉被困在了这个行业中，他们非常希望自己当初没学法律。同样的原则也适用于你的孩子。如果他擅长体操，只是为了脱颖而出，而不是因为享受在健身房或比赛中度过的时光，那么就是在浪费大量时间和精力。

即使孩子们在"伪装活动"中表现优异，但这可能也让他们忽略了真正可以使其茁壮成长的东西。我在中学和高中都踢足球，赢得了季后赛最有价值球员的奖项，并帮助我的球队赢得了州冠军。但是一上大学，我就放弃了足球，再也没有踢过球。因为足球只是我为了达到真正目的的一种手段——获得同伴们的认可，而实际上我从未享受过足球。如果我能用我优秀的语言能力，参加高中戏剧或辩论俱乐部，我会更快乐，但我上大学时才知道这些。

你的孩子可能有一个在你看来十分另类的狂热爱好。但这个爱好能让他变得十分与众不同，还十分快乐。即使是最不起眼的兴趣，也可以成为一个人生活中非常强大的力量、快乐的源泉，并最终使其获得经济上的成功。威拉德·维根（Willard Wigan）自称"最伟大的微型雕塑家"。小时候，他曾因为阅读障碍而受到老师的辱骂。小学时曾经有一位老师当着全班同学的面说："如果你想看看什么是失败，那就看看威拉德。"

有一天，威拉德的狗在他的后院毁掉了一个蚁丘。出于对蚂蚁的同情，他决定为蚂蚁建造房子甚至做衣服。当我想起这个故事时，我猜想威拉德对蚂蚁的遭遇很敏感，是因为就像学校系统袭击他一样，一股巨大的破坏性力量席卷而来袭击了这些小生物。正如威拉德在电影《阅读障碍之旅》（*Journey into Dyslexia*）中解释的那样，从那时起他便开始创作微雕艺术品，在创造过程中他不得不学会控制自己的脉搏，以免损坏作品。

这种奇怪的痴迷同时变成了非常成功的职业。在他众多的杰作中，即使是最不起眼的兴趣，也可以成为一个人生活中非常强大的力量、快乐的源泉，并最终使其获得经济上的成功。

我最喜欢的是能够立在睫毛末端的查理·卓别林（Charlie Chaplin）雕塑。现在，威拉德成功地将骆驼微雕放入针眼中——足足放了九只骆驼！当我在华盛顿特区的颁奖晚宴上结识他时，他前一晚刚刚在柯南·奥布莱恩（Conan O'Brien）的节目《柯南秀》（*Conan O'Brien's show*）中，展示了在领带末端雕刻的白宫雕塑。威拉德现在是英国最优秀勋章（MBE）的成员之一，当时的查尔斯王子亲自在白金汉宫授予他这个荣誉。我上次见到威拉德时，他向我展示了一块用放大镜作为表盘的手表，这样通过表盘就可以看到表里面内置的个性化维根雕塑。这些手表的售价每支超过 100 万美元。小东西也能赚大钱！

这里的关键是，威拉德专注于自己的梦想，他将所有的创作力量都投入微雕中，不是因为他想脱颖而出或融入其中，而是因为微雕是他的真爱。艺术领域拥有孕育梦想的土壤，创业亦然。我的阅读障碍朋友史蒂夫·沃克（Steve Walker）在高中时找到了他在三维立体空间思维方面的优势，他很享受在木工制作和金属加工课上度过的时光，而一天中的其余时间都令他感到沮丧。当得知金属加工课因为课程设置而不得不取消时，沃克心碎了，这剥夺了他和其他学生宝贵的学习机会。出于对创业的热情，毕业后不久史蒂夫就用仅有的 2 000 美元，在拍卖会上购买了学校淘汰的所有的、别人都不要的机器，将它们放在了自己的地下室。

在接下来的几年里，史蒂夫使用这些工具尝试了一些不同的商业构想，从改造景观设备到为家乡马萨诸塞州的工厂手工制作组件。一天，一位商业伙伴向史蒂夫介绍了木屑颗粒炉。那天晚上，史蒂夫开车去炉灶店时，发现这些木屑颗粒是在蒙大拿州制造的。"我住在马萨诸塞州，为什么要从蒙大拿州购买木屑颗粒？"他问。店主回应道："那你为什么不自己做呢？"史蒂夫回到家，当天晚上就开始制造可以在当地生产木屑颗粒的机器。尽管史蒂夫没有接受过设计或工程方面的技术培训，但出色的三维空间思维使他能够在脑海中构建出核心设备的原型。很快史蒂夫就造出了一台功能强大的机器。他所创立的新英格兰木屑公司（New England Wood Pellet）拥有三家全天候运转的工厂，是该地区最大的生物燃料制造商。20 年后，史蒂夫从公司董事会退休，去寻求更多的创业机会。

为了实现自己的梦想，这两个人都加倍发挥了自己的优势。威拉德·维根明白，掌握微雕艺术需要运用他的视觉和空间技巧；史蒂夫·沃克利用他在高中手工课堂的经验和技能实现了经济独立。通过发展非学术技能，这两个人都获得了财富和名誉，而且最重要的是——获得了快乐和充实。他们将阅读障碍融入了自己的生活，发挥了自己的优势并实现了梦想。

长久以来，不知道有多少父母告诉我，他们的孩子沉迷于电子游戏。虽然这通常是一种逃避现实的行为，但它也可能是通往收益颇丰的职业的一种途径。如今，视频游戏行业在财务和技术的投入方面已经与电影制作行业不相上下，这些都是成功必不可少的条件。一些著名大学正在计算机科学专业的课程中加入开发视频游戏的编程课程。请记住，虽然乔布斯因苹果公司的成功而成为百万富翁，但通过将皮克斯卖给迪士尼，他成了电脑动画领域的亿万富翁。

你的孩子追寻的梦想可能并不会成为改变世界的职业。我的好朋友大卫·弗林克（David Flink）是学习困难指导机构灵犀计划（Eye to Eye）的 CEO 和联合创始人，他从小就喜欢魔术，在为邻居和朋友表演魔术的同时，自己也获得了很多乐趣。他的表演得到了积极的反馈——大家满脸震惊、掌声雷动。今天，大卫虽然不是一名魔术师，但他却拥有一项可以引以为豪的技能，周围的人显然也很喜欢他的这种技能，这让大卫从阅读障碍学生所遭遇的许多挫折中幸存了下来。

态度让梦想成为现实

心理韧性、主动性、目标设定和可能性思维等态度倾向将帮助你的孩子将远大梦想变为现实。使用第 3 章中的"希望之星"评估来跟踪这些态度倾向的时间变化。帮助你的孩子培养与成功相关的态度，将使他能够将目标变为现实，这些态度的作用甚至比技能还大。

一位创业教练曾告诉我，成为一名优秀的企业家意味着要为失败和从头再来做好准备。所有的孩子都应该为失败做好准备并制订复苏计划，对于阅读障碍的人来说尤其如此：我们如此渴望胜利，功败垂成可能是毁灭性的打击。比如，如果你孩子的梦想是在科学博览会上获得最高奖，但他的项目只获得了荣誉奖，孩子可能会将这看作是一场灾难性的失败。你要帮助孩子明白，这只是他成功之路上的一个转折点。你需要帮他退后一步，看看发生了什么，并弄清楚下次如何做得更好。预先设定合理的、可实现的目标并为大多数结果制订备选计划也很有帮助。合适的目标不是"在科学博览会中获胜"，而是"今年获得荣誉奖，明年争取获胜"。这样清晰的自我认知才能使梦想变得可以实现。

通过目标实现梦想

实现梦想的方式有很多种。虽然你可能会看到一条清晰的道路，这条道路将带领你的孩子前往心中所爱，但因为读困孩子的学习特质，这条道路可能并不平坦。我并不是说你的孩子无法实现梦想，而是你想带领他走的这条捷径，或者说这个"斜坡"，不一定就在眼前。你可以通过设定符合孩子实际情况的教育目标，并指导孩子选择能帮助他更好地实现梦想的任务。例如，如果你的儿子喜欢漫画书，你可以建议他将时间花在艺术和英语课上。你还可以强调，他有能力做任何自己感兴趣的事情，无论他选择何种获得知识的途径，他都应该拥有远大的梦想。

仔细观察你的孩子，在他实现梦想的道路上，什么是至关重要的因素，这将为你孩子的成功提供强大的助力。你需要通过自己的观察得出结论，而不是听从其他人的建议。你所在城镇的每个人可能都认为某项运动是最好的。在有些城镇是足球，在其他城镇是橄榄球，还有一些城镇可能是棒球或篮球。在你开始为孩子报名参加任何大家认为很有前景的活动之前，你需要弄清楚你的孩子喜欢哪

仔细观察你的孩子，在他实现梦想的道路上，至关重要的因素是什么，这将为你孩子的成功提供强大的助力。

一项运动，或者他是否喜欢运动。

设定合理的目标是实现长期成功的关键之一。我想成为一名大学校队运动员。我的父母发现我跑步并不是特别快，所以他们指导我选择能发挥我长处的运动和位置。我可以成为一名优秀的一垒手，因为在那个位置上，我只要接球而不需要在中场追球。我可以成为一名优秀的足球守门员，因为我左右移动速度快，身体强壮，而且不必超越对方球队中最快的前锋。我不是一名前锋，但我仍然是球队中有价值的一员。

设定课堂目标

你孩子的目标清单上，绝对应该有"学习"和"享受学校生活"，而且需要与他的精力相匹配。但请记住，教育目标通常是根据现有的假设和偏见以及来自社会的压力而设定的。

建立正确的教育目标对于帮助你的孩子实现梦想至关重要。例如，有些老师可能会坚持让孩子在小学四年级之前开始阅读章节书。你的朋友可能会吹嘘他们的孩子在三年级时就已经能够阅读章节书了，甚至爱出风头的朋友还会"抱怨"他们的孩子甚至在更早时候就达到了这个水平。但请你更深入地考虑：阅读章节书的目的是什么？是为了让你的孩子能够获取信息并发挥想象力，还是让他可以融入同龄人，与朋友谈论《哈利波特》（*Harry Potter*）或《小屁孩日记》（*The Diary of a Wimpy Kid*）？所有这些都是想要让孩子在那个年龄阅读章节书的正当理由，但是音频或视觉工具不也能帮助他实现这些目标吗？关键是不要认定书籍是学习的唯一途径。相反，请记住，目标永远应该是学习，然后才是选择一个能让你的孩子达到目标的最佳途径。

> **不要认定书籍是学习的唯一途径。请记住，目标永远应该是学习。**

作为一名非标准的学生，我能够顺利度过所有学校教育的部分原因是我父母的态度。他们有幸在 20 世纪 60 年代中期加入了和平队，在非洲的多年时间里积累了当地语言、音乐和文化方面的专业知识，在许多方面拓宽了世界观。回到美国后，我父亲成为艺术史教授，专攻西非艺术史；我母亲发表了关于尼日利亚妇女文化的学术文章。具有讽刺意味的是，他们错过了 60 年代在美国发生的"反主流文化运动"，这使他们在同龄人都在打破传统的时候，能够更加忠于自己的梦想和目标，而不是随波逐流。我父亲曾经告诉我，在他去尼日利亚之前，看电影要系领带；当他们从非洲回来时，文化向更休闲的方向转变，这让他们大吃一惊，但我的父母接受了这种他们喜欢的改变，却对不喜欢的置之不理。我只想说，我的父母并没有对课堂内外的"标准"抱有特定的期望。我们家有一个传统笑话，改编自已故的幽默作家邦贝克（Erma Bombeck），"正常只是你的烘干机上的一个设置"。

我的父母帮助我在小学、初中和高中期间制定了自己的目标。我打算跟随父母的道路，上大学和研究生院。小学五年级时，我的数学成绩很好，所以我在六年级时，进了数学优等班，比大多数学生提前一年学习代数。但进展并不顺利，我最终发现我之所以在五年级数学学得很好，是因为老师结合我们每天的日常生活来讨论数学问题，而不是仅仅讲授教科书上的知识。六年级时，我们的数学课更加依赖教科书，这需要更多的阅读。另外，书里还有很多我以前没见过的符号。我只勉强得到一个 C⁻。

我的父母被请到学校讨论这件事情，他们让我也一起从头到尾参加了讨论会。我的数学老师向我的父母表达了担忧，并与他们商量如何解决我遇到的问题。随后老师转向我，问我是否有什么需要补充的。我的话震惊了每一个人："我应该重修这门课。"我妈妈惊讶得不知所措，但她知道我可以为自己做决定——她曾经尊重我在 4 岁时不想理发的决定，这让我知道我的家人可以接受我做的任何决定。我知道我绝对没有掌握这些内容，而且我确实需要这样做，以便为大学的数学学习打下坚实的基础。我要求重修代数课程是基于

"我要上大学并要在那里取得成功"这个目标，同时也是因为我父母教给我的"人要对自己负责"这一点。

最后老师和父母同意了这个决定，第二年我重修了代数并获得了 A。之后的两年时间里，我在数学上加倍努力，重新回到了全优的道路上，并在高年级学习了高级代数。重修没有不及格的课程是一种非常规的处理方式，一些父母可能会担心孩子"耽误"了一年（学生自己也是如此），但我的父母考虑的是，什么才是对我最好的——理解代数课上的内容，而不是担心别人会怎么想。如果我不担心，他们肯定也不会担心。

孩子的教育目标还要根据年龄进行调整。从小学一年级到三年级，教育目标主要为掌握基本技能，如阅读、写作、拼写和基础数学。大多数阅读障碍的孩子在这些方面都会遇到很大的困难。然而，你还是应该鼓励孩子尽可能熟练掌握这些基本技能，我们将在下一章讨论如何做到这一点。请记住，阅读、写作和拼写只是达到目的的一种手段。我们学习如何阅读是为了理解内容并扩展思维，但是你的孩子可以通过常规阅读以外的其他方式达到这一点。

从小学四年级开始，学校就假定孩子们已经掌握了学习所需的基本技能——阅读和写作。然而，最近在布朗大学进行的一项研究得出的结论是，"学习如何阅读"（直到小学三年级）和"通过阅读学习"（从小学四年级开始）之间存在明显区别——这一传统观点是有问题的。即使是没有阅读障碍的学生，在四年级之前也会使用阅读来学习，并且在四年级之后仍在学习阅读的元素——词汇和理解复杂叙述的能力。不幸的是，这种传统的观点仍然驱动着大多数小学的课程设置。

如果你的孩子，在八年级时想要（或学校要求）提升对科学方法的理解能力，他将需要阅读有关这些主题的内容；学校会假设常规的视觉阅读是了解这些主题的最佳途径。你可能需要提出需要使用各种教学的辅助设施（accommodations），以便你的孩子有机会在相近的时间范围内理解与同龄人相同的内容，并获得相似的结果。这些调整将使孩子能够利用自己的优势来弥补在这些领域的弱点。推广这些辅助设施将有助于滋养孩子的思想——更重要的是，通过让孩子跟上同龄人的步伐，滋养其心灵（我将在下一章概述辅助设施的选择）。

当孩子们成年后，他们会开始选择一条特定的道路来实现自己的兴趣。在高中阶段时，他们可能会专注于某个特定领域的教育，例如科学、数学、外语或历史。如果决定去上大学，孩子们需要选择一个专业，甚至是一个职业，这就需要结合他所掌握的特殊技能和在其领域取得成功所需的知识。然而，在早期教育中，所有学生都是通才，都应该有机会掌握基本的学习方法。如果你的孩子有阅读障碍，这意味着他需要使用一些替代方法来完成普通课程。

在良好的教育环境中，孩子的优势应该能让他取得成功。任何孩子只要付出努力，都应该能够获得不错的成绩，无论他是使用视觉阅读、听觉阅读还是指读。换句话说，不要因为你的孩子有阅读障碍而接受一个较低的标准，也不要让学校因不愿意提供适当的支持措施而简化课程、降低期望。学校绝不会因为不想在教室里建一个坡道而禁止坐轮椅的孩子参加高级英语课。对于非明显的障碍，比如阅读障碍，情况也应该是这样。然而，如果所有学生都使用文字版课本，并用笔和纸进行测验，学校可能会因为难以管理而抵制其他替代模式。

阅读障碍者的梦想应该像所有人一样大胆而有力。我们遇到的挑战正是在日常任务的层面上。不幸的是，小学里几乎全是"只见树木，不见森林"的活动。作为一个已经完全适应阅读障碍的成人，我从不使用笔来写下我的想法；没有人来评估我的拼写或要求我完成一张打印出来的试卷。然而，这些都是小学生的日常任务。鉴于这些任务是评估孩子学业水平的基础测试，教师可能会得出结论，即你的孩子将无法进行更高层次的思考，或者鉴于他的技能，他的目标和梦想不匹配。下一章将重点介绍如何讲述孩子的故事，以便你和你的孩子可以开始扭转局面，有可能完成有助于他找到并实现梦想的任务。

第 5 章
为自己发声

对有阅读障碍的成人和儿童以及其他任何有非明显障碍的人来说，如何选择公开自身特质的时机和最佳方式是他们共同面临的最基本的问题。你可能需要在不同的场合告诉其他人你的孩子有阅读障碍。你可能还需要想办法让你的孩子自己也能做到这一点。无论公开的那个人是你还是你的孩子，在这个过程中，有一些很重要的现实和情感事项需要注意。实际上，快速有效的公开是你的孩子能否获得定制的个别教育计划（Individual Education Plan，IEP）以及之后实施该计划的关键。IEP 是（美国）法律规定的框架方案，用于帮助有特殊需要的孩子接受特殊教育，并为他提供所需的服务。请将其视为记录你孩子受教育情况的计划，你和孩子也可以帮助编写这个计划。

千万不要低估情感因素的影响。公开信息可视为达到目的（为你的孩子获取资源）的一种手段，虽然这很诱人，但重要的是，你要知道，这样做是为了你和你的孩子的心理健康和长期幸福。在公开信息时，你最需要考虑的是你自己和你的孩子，还有讲出你们的故事的好处。保守秘密通常意味着你还在害怕和为此感到羞愧。这不仅在情绪上不健康，而且会耗费大量额外的精力——这就像努力把沙滩球按在水下。相反，你可以将公开视为你和你的孩子拥抱自己并停止躲避他人的机会。一旦你习惯了向世界展示你有一个沙滩球（阅读障碍），你就可以停止做所有那些为了隐藏它而产生的额外工作。通过练习，讲述你的故事会变得容易，最终你会达到这种状态——帮助其他人了解你孩子的真实情况变得像呼吸一样自然。

当你与他人谈论阅读障碍时，你将遇到两个最重要的阻碍——无知和不确定性。很少有人知道阅读障碍，即使在学校中也是如此。总的来说，我发现当人们对某事知之甚少时，他们会迅速改变态度，倾向于规避风险。好消息是，你很少会遇到真正对阅读障碍抱有偏见的人。相反，你会发现，因为人们真的不了解这种障碍，所以他们的脑海中会跳出许多不准确的假设。当他们不确定该做什么或不知道需要做些什么事情来支持你的孩子时，就会出现真正的问题。让人们参与到对话中，在对话中改变人们对阅读障碍的传统看法，并植入正确的概念（解压并重写），是有效公开的关键。

让我们从孩子的语文老师的角度考虑一下。大多数学校将教师分为"普通教育"和"特殊教育"两类。语文教师是主流课堂的教师。当语文老师听到阅读障碍这个词时，他可能会担心阅读障碍孩子的问题会扰乱整个班级的学习计划或对班级产生负面影响。因此，老师可能会得出结论："我不知道能在这里做些什么，如果我将这个孩子转移到特殊教育中心，对他可能会更好。"更糟糕的是，他会根据自己有限的知识做出判断，也许阅读障碍意味着一个人"看文字是颠倒的"。老师可能认为他只需要教孩子不要那样做，孩子就会跟上进度。这种想法是善意的，却是非常错误的。

因此，分享故事的能力至关重要。你需要公开你的情况，这样你才能得到你想要的帮助，同时其他人也可以理解你的境况。你与孩子的学校就特殊帮助、学习计划和平等教育机会等内容进行互动的最佳方式是，以专业而体贴的方式谈论孩子的需求。我们的最终目标是向其他人提供相关背景信息，以期望孩子可以获得帮助他们实现独立学习的环境。

但同时，我知道公开这些信息并不总是那么容易。尽管我所在的公立学校的特殊教育支持条件很好，但当我上大学时，我想要一个新的开始，于是我隐瞒了我有阅读障碍的情况。因为我坚决反对申请特殊帮助，所以我在接受教育的过程中做出了各种扭曲的选择。

在美国康涅狄格州米德尔敦卫斯理大学的 4 年学习中，我对电影有了很深的了解。我学习了日本电影、法国电影、西方电影和新时代电影等课程。我可以通过看电影获得大学学分，并能够充分参与思考和课堂讨论。然而，我完全放弃了数学和科学教育。尽管我在高中时，数学和科学成绩都非常好，那时我是个优等生，数学和科学都获得了 A。但是当我大学上微积分课时，老师递给每个人一本教科书，认为我们能自己解决书中的问题。我很清楚在这样的情况下我会遭遇失败，但又害怕失败。于是，在艰难地度过了一个学期后，我骗到了一个 B⁻ 的成绩，又上了不到半学年我就退出了课程。我既厌恶自己违反诚信守则，也因为自己无法轻松掌握数学而感到沮丧。我甚至没法用语言说明遇到了什么问题。我不明白为什么我会遇到这样的麻烦，所以我放弃了数学，但当我在几年后进入商学院学习时，现实证明放弃数学成了我日后的阻碍。最糟糕的是，直到现在我才知道，如果当时我能够申请特殊帮助，并去了解那些可以帮助我独立学习的工具，我本可以接受更好的数学和科学教育。

当你开始为你的孩子整理这些内容时，请想象自己是向世界上的其他人传播知识的教育工作者。你的工作是传播你的孩子（以及其他所有人）应该在最适合他的环境中学习的价值观。你必须成为解释者和倡导者，最终你的孩子也必须成为他自己的解释者和倡导者，因为这才是真正能让他独立的方式。

当你和你的孩子对讲述他的故事感到更加自在并开始与世界分享它时，你也在做一项重要的公共服务。每次你让某个人更好地了解了阅读障碍，你都为下一个需要进行相似对话的人铺垫了道路。面对与自己背景不同的人或身有障碍的人时，人们在了解这个人之后，就能与之更为融洽地相处。一旦看到阅读障碍者鲜活的一面，人们往往会更愿意帮助他们。你应该为你所做的工作感到自豪，即使做先行者有时很困难，但其他人会感谢你的付出，并很可能会在其他场合继续付出。

关于阅读障碍的学校文化光谱

学校里到处都是非常关心学生学习的老师。然而，即使是充满善意的老师也可能在遇到阅读障碍者时毫无头绪。当你准备就孩子的阅读障碍与老师进行对话时，你会发现老师可能会属于以下5种类型之一：知识渊博型、好心办"坏事"型、善意但资金不足型、无知和歧视型、遥不可及型。

知识渊博型。全美国只有少数公立学校能很好地处理这个问题。有少数私立学校专注于帮助阅读障碍和其他特定的学习障碍。通过进行正确的对话，你有可能将你的学校也纳入这一行列：很多学校一开始并不理想，但他们有正确的动机做出改变，帮助孩子学习。

好心办"坏事"型。有很多老师和学校管理人员关心学生学习，并努力为学生提供帮助。但在大多数情况下，他们高度关注"矫正模式"，认为应该专注于"修复"你的孩子，而不是寻找适合孩子的学习风格。他们使用诸如"被诊断患有阅读障碍"之类的短语，或他们提议为你的孩子提供"解决阅读障碍问题的干预措施"。这些老师确实在努力地提供帮助，但定位是错误的。即使他们能够让你的孩子达到标准的视觉阅读水平，也会经常忽视潜在的情感体验以及过度训练对孩子造成的伤害。在这些情况下，你将不得不使用本章中的一些技巧来说服老师，老师们需要通过其他技巧（例如听觉阅读）来关注孩子的情绪健康和更广泛的词汇能力，而不是让孩子适应标准的学习模式。

善意但资金不足型。公立学校的预算总是很紧张。对于诸如阅读障碍等非显性障碍，优秀的教师会承受巨大的、或明显或隐蔽的压力，从而试图去忽视这种障碍。我知道很多公立学校的老师被告知"不允许"在与家长交谈时使用阅读障碍这个词，因为担心这会触发学校需要提供特殊帮助的法律义务。在这种情况下，你将不得不使用第7章中的一些技巧来让他们参与对话，并在必要时强调法律要求公立学校必须为你的孩子提供免费和适当的教育。

无知和歧视型。一些教师仍然对阅读障碍有严重的误解。他们可能私下认为这是父母教养不当的结果，或者更糟的是，认为阅读障碍是为不合格的孩子发明的术语。花时间与这些老师进行对话，并尝试用科学证据和道理来扭转他们的观念。如果你在反复尝试后发现老师仍不愿意听你的陈述，那你就需要尝试联系更高级别的管理者了。

遥不可及型。有少数教师和学校管理人员对这个问题非常抵触。极少数情况下，有人可能认为消除"懒惰"或他认为的与阅读障碍有关的其他特征，是他的个人使命。如果你发现自己遇到的某个人经过反复沟通仍无法认同你的世界观和合法权利，那么你可以尝试使用本章后的专栏中的方法。

与家人交谈

家人是我们最重要的听众之一。当你创作了一个引人入胜的故事（我们将在本章后面讨论），你该先把它讲给你的父母和兄弟姐妹们听一下。一方面，你会发现，每个人都非常愿意提供帮助，也有兴趣了解更多的信息。但另一方面，我也见过这样的例子，孩子的祖父母或叔叔、阿姨，他们本身就有阅读障碍，却十分抗拒讲述阅读障碍的事情。这可能部分是由时代或文化的影响造成的。

最需要与之进行交谈的家庭成员，大概是阅读障碍孩子的兄弟姐妹们。我经常会看到，阅读障碍儿童的需求占据了家庭大部分的时间。你要充分认识到，家里使用主流学习方式的其他孩子也同样需要爱和关注。同时，确保有阅读障碍的孩子即使在比其他孩子年龄大的情况下，也不会觉得自己能力不足或不勤奋。解决这个问题的最好方法是，在家庭中讨论"什么是阅读障碍"，并分享你在本书中发现的一些误区和事实。我知道的一所专注于阅读障碍的私立学校每年都会举办兄弟姐妹日，将阅读障碍学生的兄弟姐妹邀请到学校，以便他们更好地理解这个问题。你可以与所有的孩子一起编写你要讲述的故事，从而在家中重新构建故事的内容。

总的来说，我的建议是在处理阅读障碍和家庭关系时，慢慢来。如果可能，聘请专业的心理学家参与是个好主意。如果其他家庭成员反对这个故事，也请不要感到惊讶。人们在既有的观念和正常的观念上投入了太多，任何不同的想法都可能使他们感到不舒服。这就像在家中试图讨论家庭酗酒问题的历史一样令人不安。虽然两者的情况和重点完全不同，但两者都涉及大量的羞耻感和隐瞒，都可能会导致一系列非常强烈的情绪。

从长远来看，进行这些对话并揭开尘封的历史是很有意义的，但这也不是必须在一天之内就要完成的事情。事实上，你们可能需要数年时间才能真正将阅读障碍的观念融入身边每个人的生活。而且你可能永远无法让所有人都达成一致意见。专注于现在，并努力为你的孩子在学校中安排特殊支持，只要你准备好了，这样的对话就可能发生。

如何说出一个引人入胜的故事

当你在考虑如何更好地向他人解释孩子的学习情况时——也是帮助孩子更自在地解释自己的障碍时——将你的解释创作成一个故事是至关重要的。这显然不是在编写一部小说，而是在寻找一种方法，向那些有能力帮助或阻碍孩子学习的人解释孩子的情况。

对于故事来说，具有说服力很重要。具体来说，你的故事必须真实、充满细节，并用幽默和引人入胜的方式来表述。从你和孩子的生活中，挑选令人难忘的、真实的细节，这将使你的故事能够被对方牢牢地记在脑海中。幽默感很重要，因为我们正在讨论的关于障碍的概念和制度框架，可能会有些枯燥、严肃。能够时不时开个玩笑，保持谈话的轻松感，就能够让故事重获生机。

除了幽默，时机也是讲好故事的关键。我建议你和孩子去参加公开演讲课、即兴表演课，甚至是喜剧课。许多优秀的演员都是从喜剧演员开始的：汤姆·汉克斯、杰米·福克斯、罗宾·威廉姆斯（他们都是奥斯卡金像奖获奖者）。通过了解如何读懂观众，他们最终实现了从喜剧到严肃表演的转变。

最重要的是，你的肢体语言和对话题的轻松驾驭感，将对你能否进行富有成效的对话，产生积极的影响。人们会注意到谈话中的情绪，如果你以实事求是的态度来进行对话，人们会做出积极的回应。相反，如果你将关于阅读障碍的故事演绎为一个深沉、黑暗的、让你感到难堪的秘密，人们会从中发现蛛丝马迹，觉得你的要求也是见不得人的。为获得最佳效果，你需要练习讲述这个故事，甩掉缠绕其间的情感包袱，直到你可以像讲述富有意味的个人逸事那般自在，而不是严肃正式的或让人局促不安的信息披露。

首先以讲述孩子的个人经历或你与孩子的经历开头。你讲的第一个逸事应该最多包含 3~5 句话。这个简短的介绍，能帮助你试探与你交谈的人，通过对方的反应来确定他是否可以成为你的盟友。我的版本有 3 句话：

我叫本·福斯，我有阅读障碍。当我还是个小孩子的时候，这没什么大不了的，因为我妈妈会读书给我听。大学时，我会将学期论文传真给住在新罕布什尔州的妈妈，这样她就可以通过电话大声朗读给我听，帮助我找出自己的错误。

我发现这组信息足以帮人们找到方向。它可以快速构建语境，帮助听众了解阅读障碍人士有多么困难。这段话中包含的几个细节很重要，因为人们有很多事情要做，而我的需求可能不在他们的首选项中。而你，可能需要与时间紧迫的教师和学校管理人员打交道。你希望他们能够记住你提供给他们的事实，以便获得所需的帮助。

细节可以决定故事是被人记住，还是被完全忘记。说"我把我的论文寄回家给我妈妈"，不如说"我把它们传真给我在新罕布什尔州的妈妈"有效果。"传真"这个词，在你的脑海中创造了一个具体的画面，还有传真机发出的嘶嘶声和蜂鸣声。然后是"新罕布什尔州"，每个人都认为新罕布什尔州寒冷而遥远（包括佛蒙特州的人）。如果我说"传到纽约"，它就不会显得那么遥远或那么困难。这 2 个小细节显著提升了我故事的画面感。

再来看看其他一些微妙的元素。我向人们暗示我上过大学。对于认为阅读障碍者一定愚笨的人来说，这给了他们相反的证据。当然，上或不上大学并不意味着某人聪明或笨，但大多数人将上大学等同于聪明，所以我在讲述故事时使用了这个细节。我还补充说明了为什么要将这些论文传真给我的母亲——我找不到自己的拼写错误，她在帮助我。

从孩子的生活中，找一些可以体现他的优势和弱势的内容。你需要寻找具有令人难忘的细节的内容，例如传真机或新罕布什尔州。想想你的孩子，他喜欢什么游戏，他擅长什么，或者他在社区中以什么闻名。如果你将故事与一个真实事件联系起来，比如因误解了一个小信息而对他的生活产生了很大的影响，人们很可能会记住你的故事。这就能让你的孩子被注意到、被记住，你也很可能会因这个故事而受益。

我的朋友史蒂夫·沃克（Steve Walker）告诉我一个很棒的故事，他用这个故事来设定他的背景。史蒂夫住在新罕布什尔州的彼得伯勒，这是一个有 6 000 位居民的小镇。最近，他向妻子抱怨买杂货太难了。她疑惑地问："杂货店就在路边，你为什么还要抱怨？""在路边？"他非常困惑。一直以来，史蒂夫都是开车去位于另一个城镇、来回 1 小时路程的杂货店——整整持续了 7 年！而这只是因为他看不懂当地商店招牌上写的"杂货"。

这是一个很棒的故事，因为它是真实的，充满了能让人们记忆深刻的细节，还很有趣。你可以了解到史蒂夫的阅读障碍如何导致了一个非常现实的问题。重点是，史蒂夫是一位成功的商人，他经营着一家大公司，还驾驶自己的飞机，他找不到杂货店的故事很有趣，让人轻松放下戒备。

一位使用英特尔阅读器的 9 岁阅读障碍儿童，讲述了他为什么需要辅助设备的完美故事。他向我解释说，他曾使用该设备阅读他最喜欢的桌游《大战役》（*Risk*，也叫《战国风云》）的规则说明，他多年来一直与同一群朋友一起玩这款游戏。当他第一次听到设备朗读的说明时，他发现他的朋友一直在作弊。"他们正在生我的气，"他告诉我，"但我很高兴我这么做了！"

同样，这个故事简短、真实，并有一些令人难忘的细节：熟悉的桌游《大战役》，一个 9 岁的孩子使用高科技设备，他的朋友们很生气。它还显示了阅读障碍带来的弱点——他的朋友们一直在欺骗他——以及辅助技术可能带来的力量。当我听到这个故事时，我不禁为这个孩子叫好。你一定希望你孩子的故事也能引起这种反应。

不要害怕使用硬科学来表达你的观点。解释阅读障碍发生在"大脑的语言处理中心"，然后用手指指向耳朵正上方的位置是我使用的最有效的开场白之一。说到"这个区域叫作颞顶叶"，不禁让人觉得"哦，他一定知道自己在说什么！"你可能想向人们展示本书引言中的 fMRI 图像，该图像显示阅读时非阅读障碍者的大脑和我阅读时大脑的区别。视觉效果有助于强调科学在解释阅读障碍方面的力量。

你还可以携带一件辅助设备。我发现在我的智能手机或笔记本电脑上，可以演示将文本转化为语音的过程，这让人们可以了解我的大脑工作方式的不同。同时也表明，我愿意使用那些可以让我独立学习的工具。最后，在解释这个问题时，它会让你成为一个现实主义者和阅读障碍专家：你不是在说"我有问题，我需要帮助"，而是在说"我知道我孩子的长处和短处，这里有一些解决方案，我希望你能允许他使用它们"。

使用统计数据和数字也很有说服力，对你的目标也会有帮助。我给人们做了一个简短的介绍："阅读障碍者占美国全部人口的 10%，这其中有 35% 的人是企业家，而 41% 的人是囚犯。"每次我都会得到相同的反应：人们听到 10% 时会点头，听到 35% 时会睁大眼睛，然后当听到 41% 时，他们会出于真正的惊讶和兴趣将头歪向一边。这 3 个数字讲述了我们社群中的故事，会达到引发对话的最终目的。你还可以紧接着说一句笑话："当然，企业家和囚犯并不互相矛盾！"在与你见面的人身上试试这个，我敢打赌你会逗得他开怀大笑。

阅读障碍者占美国全部人口的 10%，这其中有 35% 的人是企业家。

在公开孩子的阅读障碍之前，要先假设与你交谈的人对该术语一无所知。如果他们告诉你，他们对阅读障碍有所了解——这一点尤其重要——在 90% 的情况下，这种了解意味着他们对此有负面的印象。这种情况比对方根本什么都不了解更糟。相反，当与你交谈的人最后向你透露他们有阅读障碍时，请不要感到惊讶。请记住，10% 的人有阅读障碍，30% ～ 40% 的人的家庭成员有某种特定的学习障碍。即使与你交谈的人有阅读障碍或其家人有阅读障碍，但他们可能仍需要你来说服他们，阅读障碍只是一种身份而非疾病，因此你需要基于你所了解的信息来建立你们的关系。如果此人确实提到相关经历，这将是你让他知道如何更好地帮助你的孩子的绝佳机会。坐下来听听他的观点，这样你就可以知道你需要做些什么，来让他接受"阅读障碍只是一种身份而不是疾病"这个观念。

另一个很棒的技巧是你在讲述时表现出一些脆弱，例如"告诉你我的孩子有阅读障碍这件事让我很紧张，因为许多人认为阅读障碍的孩子一定是懒或笨"。当你把人们放在这样的位置时，他们必然会做出更积极的回应。他们可能会说："哦，不，我不这么认为。我很感激你告诉我。"即使他们确实有负面的先入之见，但他们现在也明确表示他们不这么认为，并且不太可能粗暴地对待你或你的孩子。坦诚地表达自己的感受是解决任何问题的绝妙方法。

最重要的是，在公开之前先练习讲述你的故事。不要以为你可以即兴讲述一个很棒的故事。想想布鲁斯·斯普林斯汀。他在 60 多岁的时候，仍然举办持续 4 小时的演唱会。大多数人永远不会知道他会提前演练在舞台上的每一个动作。观众认为，他在第 5 首歌时跳上椅子并用手指向他的管乐队，这一举动是即兴发挥，但所有的动作都是经过演练并精确到秒的，包括聚光灯射到他身上的时间、他跳上椅子的时间，甚至是对着观众闪过的一丝微笑。第一次上台时，他的表演可能更即兴，但效果并不好，因为聚光灯不知道他要去哪里，或者因为一个小号演奏者坐在了不应该坐的地方而导致他差点跌倒。

你的故事也是如此。最初你会有点儿笨拙，因此请在多个目标群体中进行演练。从你的家人或朋友开始——你正在做的是对这个故事进行焦点分组讨论。告诉他们这个故事，并要求他们复述这个故事，包括他们记得的尽可能多的细节。被人们重复最先说出的细节就是最特别的细节：它们会留在人们的脑海中。当家人或朋友在第一次听到后几乎逐字地向你复述这个故事时，你就知道你已经找到了正确的表达方式。最终，你将拥有一个经过精心排练的故事，每次与陌生人交谈时都可以拿出来讲。

你也可以使用 2~3 个你认为很奏效的、不同的比喻来介绍阅读障碍的概念。我自己在这本书中就使用过几个。第一个是从"手机信号连接不良"的角度来解释阅读障碍。通过使用这种比喻，你可以解释使用特殊支持"就像使用固定电话线"一样。这是一种有效的方法，可以打破阅读障碍者会将单词或字母看颠倒的误解。问题的关键在于不连贯的信号，而不是一种持续的逆转信号。

我发现另一个很好的比喻是将你申请的特殊支持描述为"通向书的坡道"。如果你能让人们采用与谈论使用轮椅的学生相同的语境来谈论有阅读障碍的学生，你就会立即获得一个令人信服的故事，从而说明为什么应该满足孩子的需求。没有人会想开除使用轮椅的人，那么他们为什么要开除你的孩子呢？

同样，你可以引入阅读障碍的旧名称：词盲。对我自己的母亲来说，这是最终让她接受的一种比喻。在我快 30 岁的时候，我向她解释我在文字方面的困难，我说："想象一下，我在阅读文字时会部分失明。"听完之后，每次我母亲考虑递给我一份菜单或给我买一本书时，她都会想起这个比喻，尝试用更好的方式让我能够获取到信息。

为"询问"搭建舞台

你正在编写的故事为你与他人深入讨论阅读障碍奠定了基础。下一步，将是建立一种最终能为你的孩子提供良好服务的关系。在学校，这些对话将为制订个人计划或个别教育计划（IEP）奠定基础。

当你与最终决定是否为你们提供特殊支持的人会面时，你并不想带着敌意而去。事实上，与孩子的老师的第一次会面，根本不应该讨论特殊支持或 IEP。相反，它应该是关于你的孩子的一般对话，例如，"我儿子最近表现得怎么样？您认为他有哪些地方需要改进？我在家可以做些什么来帮助他完成功课？"

人们喜欢别人征求他们的意见，所以如果你还没有进行正式的鉴定，但已经完成了第 3 章和附录 1 中的调查问卷，你可以就阅读障碍的问题与孩子的老师聊一聊。尝试这样说："您显然十分关心您的学生。我很确定我的孩子有阅读障碍。我一直在了解相关信息。这些是一些阅读障碍的特征：难以将口语与书面文字联系起来，阅读或拼写时经常犯错误。我的孩子非常擅长（选出最适合你孩子的 3 个技能：语言、社交、叙事、空间、动觉、视觉、数学或音乐）技能。您觉得我应该怎么做呢？"

根据他们自己的态度以及学校在这种情况下的立场，不同的老师会做出截然不同的反应。一些老师对阅读障碍的概念持开放态度。一些人可能本人思想开放，但他们的管理部门已明确告知他们，在与家长的交流中，避免使用阅读障碍或学习障碍等术语，或者至少避免将它们用在书面交流中，以便学校避免承担为已被正式确认的儿童提供特殊支持义务而产生的财务和法律方面的负担。尽管这违反了法律，但仍会发生。我还看到有的学校会避免将学生识别为有阅读障碍的情况，因为他们不想改变学校里接受特殊教育的孩子的数量；"不让一个孩子掉队"法案中有一些条款鼓励学校将有障碍儿童的数量保持在较低的水平（基本上，如果管理人员将这个数字保持在某个阈值以下，他们就可以将这些儿童排除在考核数字之外，这是他们未来获得资金的基础)。

在你第一次说完自己的故事后，你需要倾听、关注并不断学习。如果老师看起来很有同理心，就稍微强调一下："您对如何在学校里更大的范围内处理这个问题有什么建议吗？"看看老师有没有兴趣讨论与阅读障碍有关的教学问题，或者看看他是不是在退缩，并建议你去与学习专家交谈，而不是他。在一次好的谈判中，你要让对方先行动，看看他在你没有提出要求的情况下，摆上谈判桌的东西是什么——如果你让人们尽可能多地自发地接近你，将有助于建立积极的关系。当你确实找到了一个看起来强有力的盟友时，请他帮助你与合作的机构沟通。

寻找盟友并建立关系

在你选择公开谈论阅读障碍之前，你就需要开始与孩子的老师和学校管理人员建立关系了。教师和管理人员给你答复的范围可以很宽泛。他们可以做法律规定的最低限度的事情，不给予任何你没有提出的帮助，并严格遵守规则，即使这可能并不符合你孩子的最大利益；或者，他们也可以最大限度地支持你的孩子，如果他们觉得你有兴趣和他们成为孩子教育的长期合作伙伴；又或者，如果你们之间存在课堂之外的联系——你需要通过建立和重建你能建立的每一个联系，来增加对你有利的情况的发生概率。一般来说，未来将会跟某人打交道的预期是人们建立关系的动力。良好的关系是提高工作效率的最大动力，因此请强调，你在未来能帮助他们的方式。

与学校打交道的一项重要技巧是，与孩子真正喜欢的老师会面。如果你的孩子喜欢某个老师，那么他很可能也喜欢你的孩子。他可能是上一学年的老师，也可能是核心教师以外的老师，如艺术或音乐组的老师。就我而言，我的幼儿园老师注意到，当全班讨论反义词时，我说，"was"的反义词是"saw"，"dog"的反义词是"god"，因为字母顺序颠倒了。这个老师喜欢我，所以她抽时间跟我妈妈说了这件事，让我的父母提前知道了我的情况。

要建立这种关系，请始终以尊重自己和尊重他人的态度与之相处。这会促使他们以同样的方式回应你。学校前台的秘书是一个非常重要的人。如果你的孩子遇到麻烦，前台是孩子首先会遇到的人。每当我走进行政办公室时，我都会与接听电话或倒咖啡的教职员工进行真诚的交谈。通常，人们认为办公室工作人员只是无足轻重的人物。然而，因为我花时间去了解他们，我发现那些人实际上很期待和我交谈。当我打电话预约时，他们会把我记在日程表上。

你同样可以在组织的中层人士中找到支持者。高层人士通常没有时间处理你的问题，但他们的直接下属可以成为你绝佳的盟友。在传统的学区，这个虽在中层却很重要的人，可能是学区的学习专家（而不是校长或学区负责人）；或者可能是英语组组长或职业顾问——有一定影响力但仍会花时间与你会面的人。例如，我在法学院的时候，特意认识了主管学生事务的副院长，她比院长低3级，比助理教务主任高2级。她出生在西非，我觉得我可以与她建立起良好的关系，因为我的父母在西非的尼日利亚生活了很多年。两年后，当我因为缺少特殊支持而承受着巨大的压力，急需引起她老板的注意时，这个联盟派上了用场：因为我们之前的谈话，她知道她可以信任我，而且我没有"谎报军情"。

但也要记住，不是每个人都会回应你的善意。尽早判断你要结交的人是持支持还是反对态度，这一点很重要。如果在一两次谈话后，可以很清晰地看出某人对阅读障碍的身份概念不是特别友好，并且似乎很难被说服，你最好绕过他。但是在你与他们最初的互动中，最好只是在他们周围设置一条心理防线，然后看看是否还有其他途径可以帮助你达到目的。

有一些关键的蛛丝马迹，可以帮助你判断他并不是一个好的盟友，比如对方使用诸如"你的孩子只是看起来不想努力"或"你的孩子显然很聪明，但需要停止偷懒"之类的用语。除此之外的信号可能是，他拒绝改变自己的教学方法，或提供特殊支持措施。这可以从他微妙的陈述中推测出来，例如，"这将花费更多时间，我不确定我们是否可以安排"；或更直接的表达，"我们在努力地保持学校的教学标准，如果你的儿子达不到学校的要求，也许你需要降低你的期望"。

最后，你的盟友还可能是学校里的其他父母和孩子。学校可能会将你介绍给其他家长，特别是当你就读于一所专注于阅读障碍的私立学校时。

但是，他们也可能出于保密的考虑（或因为他们不希望家长联合起来反对学校）而不这样做，因此你可能需要通过"小道消息"来找到正确的目标家长。

一个折中的方法是，让学校向所有接受特殊教育的孩子的父母，分享你的电子邮件地址，也许还可以附上你的介绍，说明你想寻找一个同类孩子的社群，然后看看人们是否会联系你。

任何在接受特殊教育的孩子的父母，都可以是一个好的开始——例如，听力障碍儿童的父母可以告诉你很多关于学区和学校如何处理事情的信息——但非显性障碍孩子的父母将给你一些对将要发生的事情的更准确的描述。虽然你不必在此时就公开你的孩子有阅读障碍，特别是如果孩子对此还感到不舒服时——你可能会出于某种原因想公开——但如果你说你有一个正在寻求特殊帮助的孩子，这能让你与其他父母处于平等的地位，将会很有帮助。在你迈出这一步之前，你需要练习本章中讨论的讲故事技巧，并与你的孩子一起商量，以免他感到被暴露了隐私。例如，如果你的孩子仍然对这个问题感到紧张，请不要在家长委员会（PTA）会议上宣布你正在寻找跟阅读障碍相关的其他家长。

为你的孩子和其他接受特殊教育服务的学生建立一个社群也会很有帮助，尤其是与那些正在接受 IEP 服务的学生建立联系。如果你的孩子愿意谈论他的阅读障碍，请问问他们在特殊教育课程中的朋友是谁，并尝试结识他的家庭。如果你的孩子还小，事情就很简单了，安排孩子们一起出去玩，并与其父母温和地提出这个话题，然后向他们介绍阅读障碍只是一种身份这一观念。你还可以将第 7 章中讨论的一些组织作为寻找此类社群的途径。

在我能够表达因阅读障碍而产生的沮丧之前，我的处理方式很多时候都是没有建设性的。有一天，我父亲来接我去见一位学习专家。那时我上小学四年级，多年来每天都要去一个单独的房间接受 1 小时的一对一辅导。专家向我父亲解释说，她一直和我一起练习写单词。她用粉笔在绿色小黑板上写了 1 个词，然后让我抄写。就在这时我忽然冲向黑板，把它掀翻在地，并且一边大叫一边发脾气。她没有叫我父亲惩罚我；相反，她想让我父亲知道我在学校遇到了真正的麻烦，而且很沮丧。

有些时候，我可能会怒气冲冲地回到家中。这可能是因为老师在拼写测试中给了我低分，或者其他同学嘲笑我得去参加特殊教育。于是我和妈妈做了一个约定。当我放学回家时，我可以毁坏房间里的任何东西，只要我事后能把房间收拾好。但她不允许我破坏我自己房间外（比如车内、餐桌上等）的东西。在一个特别令人沮丧的日子，我回到家，打开窗户，把我的新音响扔到了人行道上。结果，我痛快地发泄了怒气，但失去了我的立体声音响。

我妈妈的见解是，她给了我发泄愤怒的空间，但同时也教会我要面对后果。她没有给我买新的音响——那得我自己想办法。作为一个成年人，我学会了在沮丧的情况下如何表达自己，还学会了如何避免发怒。但作为一个孩子，我还不够冷静。不要误会我的意思，从那以后，我妈妈告诉我，她有很多次怀疑自己是不是养了一个流氓。但她相信自己的直觉，她知道我只有释放了愤怒，才能够更好地与他人相处。

无论你是否认为这种教养方式是最好的解决方案，你都要设法让孩子能够说出自己的挫败感。更重要的是，培养他讲述自己故事的技能。他必须学会如何成为一个强有力的自我辩护者，因为当他需要进行这些对话时，你不会总是和他在一起，自我辩护将使他对自己的身份充满自信，从而打破耻辱的恶性循环。我建议可以先从家里的日常选择开始锻炼。他早餐想吃什么？他想穿什么？请允许你的孩子发表自己的意见并为自己的生活做出决定。他并不需要也不应该为所有的事情做决定，但让他在力所能及的事情上做出一些决定，这将增强孩子为自己说话的能力，这就是自我辩护的全部意义所在。

请记住，当你解释阅读障碍时，你也在帮助别人。将这一点告诉你的孩子。人们会担心他们有可能说错话或冒犯你，那么，孩子需要做的就是清晰地、直接地、自信地讲述他的故事。在勇往直前国度的网站上，你会找到有关的视频。更好的做法是，让你的孩子

让孩子能够说出自己的挫败感。培养他讲述自己故事的技能。

来做演示。例如，如果你的孩子能够使用加速的文本转换语音的功能，他就可以将这种能力融入自己的演示中，使其更具说服力。你的孩子将成为会谈中的专家，让他的老师惊叹不已。

我想和你分享一个例子，有关我的朋友马克是如何处理他的障碍的：虽然马克没有阅读障碍，但他的故事可以为如何与他人谈论自己的障碍提供一些很好的指导。在商学院上课的第一周，马克向全校所有人群发了一封电子邮件，内容如下（大致意思）：

回复：马克——没有手的人

我叫马克。我天生没有手。我并没有发生意外事故。你会在走廊里看到我，你可能不知道该怎么和我握手。下面就是你要做的事：握住我的手腕，感觉就像抓住了别人的手腕。这不会伤害到我，而且如果你握住它，会让我感到很亲切。如果你在课堂上看到我，而且我背着包，我不需要你帮忙拿包——我是自己把它带来的！

几行介绍和解释以及一个恰到好处的笑话完全改变了人们对待马克的方式。在他发这封邮件之前，我看到人们在学校大厅里躲着他；他们对马克没有任何敌意，只是遇到一个没有手的人，他们不知道该怎么办。凭借多年的经验，马克知道他们在想些什么，并直接给了他们答案。他发完邮件后的第 2 天我就看到了转变：人们会穿过大厅去找他。

你的孩子应该为自己的身份感到自豪。他正在努力做一件光荣的事情：接受教育。免费和适当的教育是他的合法权利。但如果他没法为自己发声，他就不太可能获得这项权利。

你的孩子应该为自己的
身份感到自豪。

宣传可以采取多种形式。我认识的一位有阅读障碍的朋友曾在小时候想出了一种新颖的方法来逃避课堂上被要求大声朗读。她就读于旧金山一所非常严格的私立学校。当她的妈妈去参加二年级的家长会时，老师问她妈妈："你女儿为什么总是在课堂上唱歌？"老师接着解释说，每次让孩子们站起来大声朗读时，这个年幼的孩子就会唱起歌来。女孩不会用言语表达她的想法："对不起，我在文字方面有困难，如果你能给我提供一种参与这项活动的替代方式，我将不胜感激。"由此，我的朋友以一种新颖、有趣但极具破坏性的方式为自己辩护。你需要寻找和聆听这些不完整的早期辩护之声，你可以将这些声音发展为一种帮助你的孩子被人看见、听见的方式。

在电影《不屈不挠》（*Headstrong*）中，一个名叫杰森的 15 岁男孩找到他的高中数学老师，向他解释自己有阅读障碍和多动症。老师仔细聆听并询问杰森在课堂上是否需要额外的帮助。杰森回答说，如果需要的话，他会来找老师寻求帮助。然后老师根据杰森明确提出的需求，引发出了一个新想法：杰森希望有人在他参加考试时大声朗读试题吗？杰森欣然接受了这个提议。

训练孩子自我辩护，越早越好。如果在孩子遇到问题之前，先找老师解释他的独特情况，他就会被视为积极并热爱学习的学生。如果在孩子成绩落后时再解释，这是由于"我的阅读障碍导致的"，孩子只会被视为在试图找借口。在杰森的案例中，开诚布公让他与老师建立了一种动态的关系，使他能够在需要时寻求帮助，同时还找到了一个盟友。他顺利从高中毕业并获得了大学学位，这帮助杰森专注于音乐制作——他毕生的梦想。

就像你需要排练讲述孩子的故事一样，你需要帮助你的孩子演练他与老师的对话。你可以试着在家里进行角色扮演。在我的网站中，我给出了一些信息，包括如何帮助孩子制作 PPT 演示文稿，它可用于更正式的场合，例如 IEP 会议。孩子可以成为真正强大的公开演讲者，即使是最安静、最谦逊的孩子，当他说出自己的需要时，也会产生深远的影响。一旦孩子们开始对自己和自己的梦想感到乐观，他们就能够开始想办法弄明白，他们需要做些什么才能实现自己的梦想。这就是在下一章中重点介绍的特殊支持能真正发挥作用的地方。

孩子还好吗?

我们必须意识到，孩子为了能够适应并融入周围的世界，正承受着巨大的压力。因此，我们应该学会观察孩子的情绪状态，与孩子保持沟通交流，以能及时帮助孩子调整状态，缓解孩子的压力和焦虑。观察你的孩子是否有以下迹象：

□ 经常表现出焦虑和沮丧等负面情绪。

□ 时常故意破坏物品或经常因为一些琐事对兄弟姐妹大喊大叫。

□ 对批评极其敏感，尤其当与学习相关的时候。

□ 开学后，体重波动巨大或睡眠状况发生很大的改变。

□ 每天都向你抱怨学校，并有时会表现出强烈的恐惧或难过的情绪。

□ 孩子在学校里几乎没有关系亲密的朋友。

□ 总在考试当天发生状况或故意做出一些行为以避免考试。

□ 在阅读方面明显落后同龄人两个年级的水平，却没有任何能够追赶上来的迹象。

□ 为了融入学校环境，承受高强度的压力并坚持学习。

□ 试图自残或做出威胁他人安全的行为。

□ 自卑，感到自己不如其他人。

如何帮助我们的孩子？

为帮助孩子应对挑战、缓解压力，作为家长你可以做以下一些尝试：

☐ 教孩子说出自己的需求，为自己发声。

☐ 倾听孩子情绪化的语言，并帮助孩子将其变成更详细的描述和解释。

☐ 发现并强调孩子的价值，并尝试用正向的改变来构建亲子对话。

☐ 帮助孩子建立能够介绍阅读障碍的能力。

☐ 与学校的其他家长多沟通，共同努力改变学校中不符合儿童发展规律的环境。

☐ 向孩子喜欢并信赖的老师寻求信息和帮助。

☐ 寻找有阅读障碍并愿意向外界公开身份的教职员工。

☐ 让孩子接受具有 OG 认证资质的老师的一对一辅导，进行针对性的有效训练以提升母语阅读能力。

☐ 为孩子寻找其他可替代的教育资源，发掘新的教育机会。

☐ 寻找能够在教室中提供特殊支持策略并允许使用辅助设备的学校。

☐ 寻找专门针对特殊学习障碍的公立学校，并询问学校可以提供的课堂学习方式。

☐ 带孩子参观新的学校，让孩子知道他有机会选择更适合自己的环境。

第 6 章

学习进化 2.0

信息对我来说就像水，学习的过程就像人吸收水，它的方式多种多样。水的形态可以各不相同，有液态的水、固态的冰或水蒸气；吸收途径也可以不一样，可以通过静脉注射，可以口服，甚至可以通过皮肤来吸收水分。

传统书籍中的知识对我来说就像是冰。它被以固态形式保存，允许随时使用标准阅读器读取。大多数人可以拿起一本书，就像把冰变成液态水一样，迅速把它转换成他们需要学习的信息。我无法通过眼睛做到这一点，但我可以使用我的耳朵。所以我必须把书变成音频，音频对我来说，就相当于水的液体形态。可能是有人亲自给我大声朗读一本书，或是获取到这本书的有声书，甚至可以让计算机为我朗读。我每年读几十本书，其实我是在听这些书——这对我来说也是学习。

说到学习，每个孩子都需要自己的工具包、技巧包。普通学习者随身携带的工具包是他们的阅读、拼写和书写技能。但如你所知，阅读障碍的孩子需要一套完全不同的工具来帮助他完成学业。在一个完美的世界里，教室里会摆满所有可用的学习工具，包括那些促进语音学习、视觉学习和视觉阅读的工具。但在现实世界中，却存在着这样的遗留问题：认为视觉阅读是最好的学习方式，因此所有孩子都必须学习如何在这个系统中"茁壮成长"——对于那些技能包里没有视觉阅读的人们来说，可真是说起来容易做起来难！

这就是我在本章中详细介绍"学习辅助工具包"的原因。如果实施得当，这些调整将降低孩子的焦虑水平。但是你需要先解决一个矛盾。一开始，使用学习辅助设备将凸显孩子的与众不同，并可能给他带来焦虑。这就是为什么态度如此重要的原因，因为一旦你的孩子掌握了这些辅助设备的使用方法，将帮助他减少在学校的焦虑程度，使他能够健康地发展。

你已经根据第 3 章中的优势之星，为你的孩子找到了获取信息的最好方法。对于一些孩子来说，它有可能是视觉或动觉的；而对于其他人，有可能涉及语言甚至是通过音乐。并非所有辅助设备都必须是超级花哨的高科技设备。有时它可以很简单，只需将几张防水牛皮纸贴在墙上，然后用彩色记号笔在纸面构思想法。关键是要寻找孩子自然的学习方式，并利用它们来适应他的功课。如果你的孩子非常倾向于通过动觉学习，那么在上科学课的时候，他可能会用得上分子的三维模型，他可以摆弄这些模型并查看它们是如何连接在一起的。如果你的孩子特别喜欢音乐，你可以将他的历史课中融入歌唱元素，以便他能够结合这些元素，与那个时代的音乐联系起来，对时代背景建立更好的理解。这里的关键因素是，不要认为书是最好的或唯一的教学方式。想想你的孩子，以及他喜欢什么，并尝试根据他的优势来安排学习。

书不是唯一的教学方式。尝试根据孩子的优势来安排学习。

最初，您将不得不为您的孩子提供多种选择，看看哪种选择效果最好。找到合适的工具，让您的孩子能更轻松地学习，从而能够充分地参与课堂学习，这才是你的最终目标。因此，辅助设备只是用于平整比赛场地的工具。

在你去孩子的学校并要求学校提供帮助之前，你需要知道都有哪些可以使用的辅助设备。老师和学校管理人员通常都不知道这些工具的存在，或者更糟的是，他们知道但却假装不知道，以避免支付额外费用或改变课堂流程。请先了解一下我列出的一些选择，然后列出那些你认为必须出现在你孩子的个别教育计划（IEP）中的选项。你也可以先在家中使用一下这些工具，让你的孩子先熟悉一下。这样，在你开始向学校提出要求之前，你已经知道哪些是最有效的了。

不幸的是，一些孩子和老师对学生在学校使用辅助设备感到很不舒服。我知道这确有其事。当我在学校时，我时常感到一种耻辱感，因为使用辅助设备意味着我得到了一些"额外"的帮助，而班上的其他孩子做同样的工作时却不需要这些。但现在我知道，更好的思考方式是，有些人没能得到"进入"学校大楼的钥匙，而辅助设备只是让他们能够进入学校的一种方式。这个比喻可能会帮助您的孩子了解辅助设备的价值，并乐于接受它。

在小学时获得实质性创伤记忆的成年阅读障碍者不计其数。他们中的许多人都有被轻视的经历，这让他们感到自己很无能，因为老师们试图在没有任何"辅助"的情况下将阅读"打入"他们的脑海（在某些情况下我说的是字面意思）。我见过老师和学生是如何一起"读"书的——老师和学生轮流大声朗读一段文字。根据我的经验，这样做的老师会指出，为孩子们读书时，他们有多么喜欢阅读，这一点他们说对了。他们认为，榜样的力量可以激励孩子继续学习这些阅读材料，并促使孩子能够自己进行视觉阅读。然而，老师忽视的是，当阅读障碍的孩子看着别人流利地读出他觉得如此困难的文字时，他通常会感到尴尬和无地自容。

我的朋友马修·比克顿（Matthew Bickerton）曾经很认真地告诉我，他的老师曾试图使用一种特定的工具教他阅读。他举起一只鞋，说："他用这个打我的头。"今天，马修是一位非常成功的企业家，他在英国有一座拥有护城河的家，但他仍然认为他早期的学校经历具有巨大的破坏性。那些告诉你学生展示能力的唯一方法是用标准方式阅读的学校或老师，不仅是错误的，而且很有可能对孩子造成严重的心理伤害。他们是否会采用与马修的老师相同的"技术"呢，我们不知道，但如果孩子们日复一日地面对他们，即使只是严厉的眼神和一支红笔，也会造成很大的伤害。

视觉阅读的方法

许多人觉得，给学生足够的压力，就能学会用标准方式阅读。我总是反复强调，这对于有阅读障碍的人来说绝对是不可能的。然而，每个孩子都应该有机会去学习视觉阅读，学习支持机构也应该从教授视觉阅读的方法开始。

对于阅读障碍儿童，最有用的阅读教学方法是奥顿-吉林汉姆（Orton-Gillingham，OG）的方法。阅读障碍研究的鼻祖塞缪尔·奥顿（Samuel Orton）和心理学家、教育家安娜·吉林汉姆（Anna Gillingham）在 20 世纪 30 年代创建了这个模型。这是一种多感官的教学方法，可以帮助学生培养分解书面语言代码的能力。它通常以一对一辅导或小组教学的形式进行，并已被改编、更新并重

组成许多不同的方法。例如，威尔逊（Wilson）、琳达默德 - 贝尔
（Lindamood-Bell）、巴顿（Barton）和斯林格兰（Slingerland）的阅
读项目都严重依赖 OG，这些都是学校可以采用的、对阅读障碍学生
进行视觉阅读训练的良好方法。请注意，这些模型的支持者会声称
他们是唯一可用的模型。而且，这些方法之间也可能会存在一些"地
盘之争"，但如果你能找到一位使用其中一种方法的好老师，那么你
就走上了正确的道路。高质量的面授老师是这些教学方法的最佳"交
付系统"，然而在线学习也是一种选择。

任何 OG 项目的核心，都是通过字母的发音来逐步引导孩子，
将字母的发音转化为单词。例如，在这种方法中，单词 hat 有三个音
素："h""a"和"t"。从这个最小的单位开始，帮助阅读障碍儿童学
会从页面上提取单词。

OG 不会将阅读障碍儿童变成一个普通阅读者；它更像是帮助
你的孩子用有点生疏的方式来做其他人可以流畅进行的事情——这
就像是教会了他们"爬"楼梯最有效的方法——可以肯定的是，这
比根本无法进入建筑物要好得多，但我仍然相信坡道是更加合适的
方式。

不幸的是，OG 培训常常被当作一种"矫正"项目，这是一个
很危险的预期，原因有三。首先，它强化了孩子有缺陷的观念。其
次，即使你的孩子从 OG 培训中取得了切实的进步，他也永远不会
像主流同龄人那样流畅地阅读。为什么这很危险？如果你已经从坐
轮椅，变成了能够靠着栏杆挪上楼梯，你可能开始认为自己已经痊
愈了，因此拒绝使用坡道。如果使用轮椅，你也可以在坡道上轻松
地前行。如果孩子将要升入更高的教育阶段，尤其如此。最后，你
的孩子有可能还是没办法达到主流的阅读能力标准，因此他自己会

得出结论——或其他人对他下一个结论——他是懒惰或愚蠢的。

为了提高我的阅读能力，我从二年级开始就接受了 OG 式的干预，但我的泛读分数仍然排在倒数 15% 的位置，快速命名的能力排在倒数 1% 的位置。我重视我的阅读能力，但我不应该，你的孩子也不应该，承受因将视觉阅读作为唯一的学习方式而带来的耻辱感。

您可能想与您的孩子一起尝试许多其他的干预计划。有些很显然可能完全没有帮助。谨防诸如"试试我们的简单系统，您将在一周内治愈阅读障碍"等令人发指的说法。或者，更糟糕的是，他们会告诉您，"通过正确的干预，阅读障碍可以成为一份超级棒的礼物！"

您也可能会遇到收取数千美元费用的咨询服务，但没有证据能够证明他们有什么效果。当我还是个孩子的时候，我的祖父曾让我尝试一种道听途说的方法：边弹奏钢琴，边哼唱和阅读。

有一些策略或许可以提供一定的帮助。有一种方法是在阅读时使用彩色透明片或彩色纸，这被认为可以使视觉阅读的过程更加容易。这种方法的支持者要求你尝试使用蓝色、黄色或红色的眼镜，或者将彩色透明片放在页面上。你的孩子可能会发现它能带来轻微的改善；多年来，我在阅读时一直使用蓝色滤镜，并说服自己，它能让阅读变得更好。然而，如果用我的"轮椅／楼梯"理论来打比方的话，我认为彩色透明片相当于为一个不能轻松攀爬的人在楼梯上放置一些沙子——它能给你更多的摩擦力而已，但楼梯并没有变成坡道。最近的一个变化是调整文本以使其更适合阅读障碍的读者，例如使字母的一部分变粗或在其周围涂上颜色。最糟糕的是，这些渐进式策略最终会使你的孩子无法找到更好的学习方法。通过在文本上放置过滤器来增加 5% 的文本获取，可能会阻止你去寻找通过适当的辅助设备从而获得的 95% 的改进。

有时一种方法能够略微提高您孩子的视觉阅读能力，是因为通过一对一的辅导进行了干预。可能并不是这种方法有效；恰恰相反，孩子的注意力、老师对他的赞美，他付出了努力并相信自己正在进步等因素综合起了作用。我曾见过那些卖所谓的"万应灵药"的推销员，他们只不过是为"包治百病的狗皮膏药"找到了一个现代版推销话术，他们有的将阅读障碍称为"礼物"，有的又称为"症状"，但他们始终坚持认为阅读障碍可以被治愈。在最坏的情况下，江湖骗子可以从家庭中骗取数千美元的研讨会、辅导或治疗的费用。

这一切说明什么？请确保你选择的干预项目经过充分地研究和验证。

超越视觉阅读

阅读障碍儿童的最佳学习途径，是在确认后的头两到三年内使用基于奥顿-吉林汉姆的阅读训练方法，同时采用本章所述的辅助技术。这样可以保证他们在达到最大视觉阅读能力或遇到低于他们能力水平的平台期时，能有另外一种可替代的学习方式。比如，你的孩子在五年级时达到了视觉阅读能力的平均水平，同时他也能够消化适合十年级学生智力水平的知识内容。在这种情况下，如果你将他限制在标准阅读方式上，而不是让他在头脑允许的情况下自由地前进，这是在害他。换句话说，标准阅读方式不是目标；学习才是。以下学习支持策略可以帮助你实现这一目标。

在第 3 章中，你已经确定了孩子的三大优势。我们现在要找出能够发挥这些优势并用来支持孩子弱势的正确干预方法。无论孩子

标准阅读方式不是目标，学习才是。

的具体优势是什么，你都需要建立一个核心的支持环境。我还会列出一些需要规避的干预方法，因为它们不仅无效，更糟的是，它们还可能会加剧耻辱感。

科技创造了有效的干预方案

孩子的辅助工具包需要能够支持可随时间变化的、具有适应性的学习环境。在科技界，这意味着产品采用"通用设计"。就我们的目标而言，我们需要着眼于数字化，使用软、硬件来辅助阅读困难的学习者。

一般来说，学校在采用新技术方面是远远落后的。教师们经常抗拒科技产品进入课堂。人们常常毫无根据地担心学生可能会使用该技术作弊，或者他们可能会通过使用这些工具获取一些不公平的优势。然而，随着时间的推移，一些机构慢慢地开始接受新技术。例如，当计算器便宜到几乎每个学生都能买得起时，许多老师表达了同样古板却毫无根据的担忧：使用计算器的学生永远学不会加、减、乘、除。以俄亥俄州为例，该州现在普遍允许六年级以上的学生使用计算器作为参加标准化考试的辅助工具。该州发现，与其将时间浪费在常规计算上，不如花时间测试学生更复杂的数学概念。

重要的是审视你自己对技术的焦虑，弄清楚它是否与你对新事物的紧张有关，又或者它是否来自你的孩子。九成的孩子都很乐于尝试新技术，特别是如果这种设备可以让孩子们有机会放下他们一直背负的不公平重担。可以这样想：贝蒂·怀特（Betty White，美国的国民奶奶）也使用推特，如果她可以发推文，你也应该可以使用平板，而孩子的老师也应该能够在课堂上使用文字处理器。

硬件设备

培养学习障碍学生（包括阅读障碍）的顶级私立学校，为他们的初、高中学生提供的硬件设备包括：iPad、加载 Windows 系统的平板电脑或上网本。乍一看，这些设备似乎非常昂贵，但想想看，大约只需 400 美元（约合人民币 2 800 元），孩子的学习就可以得到显著地提高。以每名学生每 3 年 1 台 iPad 或上网本的成本计算，每天花费不到 40 美分（约合人民币 2.7 元）——而且价格还会持续下降。学生可以随身携带这些设备来录制课程，拍摄写在黑板上的笔记，还可以立即使用拼写检查器、计算器和语音引擎，这种计算机引擎不仅可以朗读屏幕上的文本，甚至允许孩子与设备之间语音对话并实现语音输入。对于年幼的孩子来说，管理和使用这些工具可能超出了他们的能力范围，但在家里拥有这种设备或与学校里的人一起使用这些设备，是一些有效干预的良好起点。

Kindle、iPad 以及很多其他电子阅读器，在音频接入方面，功过参半。Kindle 首次发布时，它内置了一个语音引擎，可以大声朗读文字内容。出版商提出反对意见：担心消费者会在 Kindle 上使用 AI 发声的音频朗读功能（机器人，而不是人类录音）而不是购买有声读物。生产 Kindle 的亚马逊公司，现在让出版商来决定音频内容是否能在该平台上使用。此信息通常列在特定书籍的信息页上。例如，在亚马逊（Amazon.com）网站上，你可以在每本 Kindle 电子书的产品详细信息列表中，查看是否有"文本到语音：已启用"的字样。

iPad 则采用了一个替代方案，允许用户使用盲人的"旁白"功能，而不是"朗读"选项，来朗读 iBook 中的内容。然而，这解释起来就复杂了。另外，iPad 中的"报刊亭"（Newsstand）软件里的许多出版物，根本没有语音朗读功能。

一款能让您和您的孩子都感觉自己像麦克斯韦尔·精明（Maxwell Smart，美剧《糊涂特工》的男一号）的小工具，是一支可录音的智能笔。智能笔（比如 Livescribe），就像一台嵌入笔内的计算机，可以记录你听、说、写和画的所有内容，并可以通过无线网络同步笔记和音频到你的印象笔记（EverNote）账户中，然后你可以在软件中重复播放、整理、搜索和分享你的笔记。这种笔可以容纳长达 200 小时的录音，并且可以与 PC 或 Mac 系统的智能手机兼容（目前不兼容安卓系统手机）。它还具有许多可以帮助阅读障碍者的嵌入式功能。

还有另一种设备你可能会用到——平板扫描仪，有些机型的零售价不到 100 美元（约合人民币不到 700 元），但如果你想将所有类型的文本都数字化为计算机能够朗读的文本，它是必不可少的。目前我使用的是富士通 Snap Scan S1300i。这类产品的变化很快，在购买之前请查询最新的产品评论。

配备功能强大的相机的手机将是你工具包中的重要工具。手机可以将拍摄后的图像转化成数字化的文本，你可以配合文本朗读软件一起使用。手机中内置的文本朗读引擎也非常有用。它允许你的孩子随时随地查看文本、电子邮件或网站，或确保他社交网站上的推文拼写正确。这似乎只是一件小事，但能够跟上他的同龄人并轻松交流，对于一个青少年来说就像参加学校舞会一样，是日常生活的一部分。事实上，学生因无法拼写而感到的大部分羞愧感，可能不是因为他在学校的成绩，而是与人们在社交网站上发表评论时的想法有关。你在 iPad、iPhone 和安卓手机中，都能够找到内置的文本朗读功能，Kindle 也一样。

您很可能已经用过 Siri，这是运行在 iOS5 或更高版本的苹果公司产品的语音助手；我发现最新版本的安卓系统的语音功能也很好。当然，它们还会随着市场的发展而更新换代。这项技术为阅读障碍者减少阻碍提供了巨大的可能性。最好的地方是，它完全没有被污名化。我最近看到一个苹果公司的广告，其中一位电影明星使用 Siri 帮助其做饭。辅助技术显然已经从地下室转移到了顶层公寓，成为每个人都心生向往的东西。虽然常规视觉型读者可以在慢跑时使用个人助理安排约会，但阅读困难的学生可以让 Siri 给他的朋友写一条信息，然后再朗读信息以确保用词准确。如果您有 iPhone，你可以尝试让 Siri "向 [联系人中的某个人] 发送短信"。当你说完信息后，让 Siri "读给我听"。这样，就不会把 "我会发信息告诉您晚餐的事情"，发送成 "我会发新戏告诉你完善的事情" 了！

由于语音朗读是一个很关键的辅助技术，耳机也很重要。我更喜欢买便宜的入耳式耳机，因为我经常在旅行中把它们压碎或弄丢。普通耳机有一个优点，它与其他年轻人用来听音乐的耳机没有什么不同，这样就能减少你的孩子因使用 "耳朵" 阅读（而不是用 "眼睛" 阅读）而带来的羞耻感。但是，你可能希望购买更高等级的头戴式耳机在家中使用：这类耳机更容易阻挡周围的噪声。这将使你的孩子能够专注于他所听到的内容，并且也不会打扰到其他人。

软件：文字转语音技术

最灵敏的音频辅助工具能够将任何印刷文本转换为数字文本，并让你的孩子借助于文本朗读软件访问"会说话的计算机"。这项技术已经存在了几十年：雷·库兹韦尔（Ray Kurzweil）在 20 世纪 70 年代，就为音乐家史蒂夫·汪达（Stevie Wonder）构建了第一个带有内置语音引擎的光学字符扫描系统。当时它的成本为 50 000 美元。如今，苹果和微软操作系统都有内置的语音引擎，这些引擎已预装在您可以购买的大多数新计算机上。它们中的任何一个都可以满足您孩子约 80% 的文字到语音的转换需求，而且如果你购买了整个计算机系统的话，它们就相当于是免费的，可以说相当物有所值了。

当提到文字转换语音的声音时，您可能会联想到可怕的计算机合成的语音，或与银行的语音客服系统通话时听到的预制语音。然而，文字 - 语音转换的质量已经得到显著提高。它们的声音现在听起来非常人性化，甚至可以具有非常本地化的口音，例如英国、澳大利亚甚至旁遮普（Punjabi，位于印度西北部）口音的英语，以及数百种外语的选择。

语音合成引擎的一个重要优势是它们的独立性：你可以在需要时快速收听"文字"。相比之下，依靠人朗读来传递的材料，即使是可下载的 MP3，也有一些局限性。第一个问题是可获得性，一部作品必须足够流行，人们才会为之制作有声读物。教师在课堂上的讲义，或你的孩子最喜欢的棋盘游戏的说明，都不太可能被录制在磁带上，供你使用。扫描并使用我们刚刚讨论的语音软件，或许可以实现这一点。

然而，你需要训练你的孩子使用语音合成技术的主要原因在于，他需要在短时间内就培养出能与视觉阅读者们公平竞争的长期能力。标准的人类语音速度比标准的人眼阅读速度慢得多。广播评论员的语速为每分钟 100~120 个单词。大多数人能以此两倍以上的速度阅读文字，而更厉害的读者通常每分钟可以读完 300 个单词。如果你的孩子使用标准的人类语音作为阅读的主要替代方式，那么他将永远在时间上处于劣势。

当我去读法学院时，立刻发现了这一点。在第一年，我开始使用录在磁带上的音频来"阅读"书籍。我的视觉阅读速度为标准速度的 1/5。法学院每晚布置 5 小时的阅读作业。以我的视觉阅读速度，这意味着我每晚都有 25 小时的作业！即使使用标准人声为我朗读，我每晚仍需要 15 小时来完成作业——显然不切实际。我意识到唯一的解决方案是将磁带播放器的速度提高到比通常听到的语音速度更快的速度。我了解到盲人几十年来一直在以极快的速度使用语音，所以我开始训练自己也这样做，使用他们的工具来解决我的"词盲症"。今天我能以每分钟三百多字的速度听文字。这不仅是一个有趣的聚会技巧，而且是我与同龄人保持同步的能力基础。

如果您孩子听力能力良好，那么开始训练他使用文—语转换技术就非常重要了。但要为一开始可能遇到的困难做好准备。孩子至少需要一个月的时间才能适应这个工具，而他可能需要一年多的时间才能真正掌握它。但若你想到标准阅读课程也需要给学生 3~5 年的时间学习阅读以达到精通时，这就完全是一个合理的进度了。

教孩子使用语音合成（文字转语音）技术

一旦有了语音合成引擎，你需要通过一些步骤来帮助你的孩子学习如何使用它。对于初学者来说，使用默认速度可能是最容易的。最好让你的孩子从他喜欢的内容开始练习使用。如果他是一个体育迷，让他访问最喜欢的球队的相关材料；如果他喜欢视频游戏，让他访问最喜欢的游戏平台的最新消息。你通常可以在网站上找到这些内容，并使用电脑、平板电脑或智能手机上的语音引擎来浏览它们。

你可以向孩子解释，如果使用这些软件可以为他节省多少时间："想象一下，如果你的家庭作业每晚少花 1 小时，你可以用这段时间和你的朋友一起玩。或者，你是否希望能够取消与课后导师的课程，自己做这件事呢？"你可以和你的孩子一起使用语音软件，并将其作为一个合作项目。这将有助于解决学生不想使用语音合成软件的另一个原因：羞耻。

你的孩子可能需要一个月甚至更长的时间，才愿意接受这项技术会对他有用——这是我从与学校的辅助技术协调员的交谈，以及与测试用户一起观察英特尔阅读器的使用曲线中了解到的。这只是一个预估的时间，不要有过高地期待，孩子能够立即接受这个新技术。持续"推销"，尝试不同的产品和声音，尽你所能地向孩子宣传这项技术。学习这项技能对你孩子的整体读写能力的提升会有很大帮助——接触文本。

当你的孩子要求使用语音合成软件自行阅读时，就是时候开始加快文本朗读的速度了。首先尝试将速度提高 10%，看看你的孩子是否能跟上。朗读速度每提高 10%，她完成材料所需的时间就会减少 10%。你可能会发现你的孩子在不同的文本中可以使用不同的速度。例如，如果我在体育画报的网站上阅读一篇文章，我可以以我的最高速度收听，大约每分钟 400 字（这远远超出了孩子开始的速度）；如果我正在阅读一篇不太理解的新发表的科学文献，我可能会将其减慢到每分钟 300 字；如果我正在阅读一份重要的合同，例如房屋抵押文件，我可能会以更慢的速度阅读它。

一个好的方式是每周提高 10% 的速度，这将使用户在一个月内提高大约 50% 的速度。如果能再坚持一个月，你就能让孩子提高 100% 的速度，这就非常出色了。对于任何一个没有很强听觉基础技能的人来说，这是不太可能发生的情况，但是如果你能做到这一点，这意味着你的孩子将拥有更佳的理解能力，并且能够更容易跟上（甚至超过）视觉阅读者。

带有语音合成软件的数字版文本比录音更有用。学生通常需要为他们的论文引用一本书中的内容。如果你有图书音频，让你的孩子从音频中听录书中的信息，这可能是一项非常乏味的任务。如果他可以从书的电子版中剪切并粘贴的文本，这将更为便捷。你的孩子不仅能看、能听，同时还有准确地转录内容供引用。

让孩子更放心地使用这类工具的一个好方法是进行下面的这个实验：让整个家庭在没有文本的情况下生活一周，如果成功了，就再延长至一个月。如果生活中没有书籍或说明书会怎么样？如果你必须通过视觉阅读之外的其他优势来学习又会如何呢？这些是阅读障碍人士每天都要经历的。为了让你的孩子能够成为一个学习者，你需要站在他的立场上，试着放弃看似安全和容易的东西，融入这些新方法。

我在了解了美国盲人联合会（National Federation of the Blind，NFB）如何训练其成员使用盲杖后，想出了这个实验。许多在法律上被判定失明的人还具有部分的视力。他们有的可以感受到光明或黑暗，有的能看清报纸的标题，但看不清文章。NFB 发现，还具有一些视力的人会坚持使用仅剩的视觉，这意味着从长远来看，他们会变得不那么独立。在拐杖训练课程上，NFB 要求人们佩戴遮蔽光线的护目镜。类似于被漆成黑色的滑雪护目镜，切断了所有光线，迫使人们依赖其他感官。在毕业考试中，学员被随机安排在巴尔的摩市中心的一个街角，那里是 NFB 总部所在地。学员只能问一个人他们在哪里，然后自己想办法回到总部，坐公共汽车或一路步行。毫无疑问，这一过程中充满了困难和恐惧，但是能够建立信心也很重要。你的孩子也是如此。随着他的成长，找一个老师或朋友和他一起工作是很重要的，如果他能够掌握更快的听力阅读速度，她就可以独立学习了。

无文本家庭实验有两个非常大的好处。首先，你会发现人们有多依赖文本，建立起对孩子处境的同情，甚至可能了解如何更好地接纳他。其次，它会告诉你的孩子，整个家庭都和他站在一起，这意味着建立一个社群。再次重申，社群是羞耻的主要解毒剂，对长期成功至关重要。

语音合成技术日新月异，扫描封底"心理经纬度"的二维码，了解更多语音合成技术应用软件的具体使用方法。

语音识别（语音转文字）软件

语音识别软件对于创作和编辑书面文本非常有用且重要。我用耳机麦克风和语音识别软件写完了这本书。但即便如此，仍然会有一些不准确的地方。"语音识别"这个短语在我第一次录入时被转录为"陨石"。当我回听我写下的内容时，我纠正了这个错误，并教我的语音识别软件下次能理解我的原意。

和语音合成软件一样，掌握语音识别软件是你的孩子必须努力学习的技能，因为你要把学习上的时间花在确有益处的地方。如果你能培养孩子像写作一样的说话能力，你会发现这可以极大地加速他的写作过程。这还能促使他使用那些他原本不愿意用却很"高端"的词汇。（请注意，我不知道如何写"高端"这个词，但我的语音软件知道！）一般来说，估计至少需要一个月的时间，你的孩子才能熟练地使用此工具。在最开始的一周，让他每天练习使用语音识别软件写下他喜欢的任何内容，至少30分钟。然后让他尝试用软件代替做学校作业时的常规写作方式。在你让孩子独立使用这项技术之前，请确保他已经有能力、熟练使用这项工具。

在学校，因为用语音识别写作，你的孩子可能需要一个私人空间来写作。这可能会给班级造成一些挑战，尽管在小学很少需要很长的写作时间。在考试期间申请单独的房间在许多IEP项目中都是常规操作。虽然在单独的房间考试，会让孩子遭遇一些风言风语，但如果能够使用语音合成软件的话是绝对值得的。

适合阅读障碍人士的核心学习支持策略

· **2~3年的适当语言教学**：使用奥顿－吉林汉姆（OG）方法。

· **数字设备**：iPad或笔记本电脑（包括拼写检查器、书写键盘和录音设备）。

· **免费的有声读物资源**。

· **语音识别软件**：苹果或微软语音引擎。

· **语音合成软件**：苹果手机（iPhone）备忘录软件或其他智能手机的"拍图识字"软件。

其他音频工具

学习支持的大前提，是你要关注你的孩子是如何学习的，并努力让环境向他的优势倾斜。一般来说，大多数阅读障碍者在听觉阅读方面的能力比在视觉阅读方面更强。因此，核心要素是建立在这样的一个假设之上的，即听力对你的孩子来说是一种相对优势，尽管这可能不是他优势中最强的方面。

如果你的孩子擅长通过听觉和口语学习，他可以利用许多通过音频传递信息的优秀学习工具而成长。有些人提出了这样的担忧，即如果阅读困难的学生只接触音频，他们将永远学不阅读。研究表明恰恰相反：两者结合在一起实际上能扩大他们的词汇量，让学生对发展这两种技能都保持兴趣，并开辟一条独立的学习道路，让内容适应孩子，而不是孩子适应内容。让普通读者接触音频内容有好处，即使他已经掌握了阅读的基础知识，也能让他接触到他可能还不能阅读的词汇。对于一个阅读困难的学生来说，使用音频来获取内容甚至更重要。阅读困难的学生通常会在视觉阅读方面落后同龄人两三年。我们难道要求六年级学生只停留在三年级水平的材料吗？你会期望盲人学生被排除在视觉阅读者通常可以获得的所有内容之外吗？

这里的关键见解是阅读不是一个非此即彼的情况。文本和音频，以及视觉和动觉等学习方法，都应该适用于所有学生。我最近参观了俄勒冈州波特兰的一所学校，当我提出为一名有阅读障碍的学生提供有声读物的想法时，一位高三的老师提出了一个新颖的建议。她建议让所有学生都尝试使用有声读物，可能是一个很好的学习机会。老师认识到课堂上的每个学生都可以从培养专注倾听的技能中受益。她也明白，这将消除听觉阅读和视觉阅读的误解。设定每个人都可以在一些时间使用音频，在其他时间使用书籍的标准，为所有学生创造了一个机会，让他们将这两种媒介视为同样有效的学习方式。

对于有阅读障碍的孩子来说，尽早加入听觉阅读也是为了孩子的自尊考虑。虽然爬楼梯进入建筑物（视觉阅读）的方式非常令人沮丧，但滑上坡道（听觉阅读）让学生知道学校可能很有趣，这也有助于孩子知道大楼里的精彩。对一个学生来说，学习用视觉阅读存在巨大的社会压力，因此即使结果并不完美，他们也想学习如何用视觉阅读。生活中的许多情况并不是为音频访问而设计的——比如药瓶或食物盒上的烹饪说明——因此，即使是最基本的视觉阅读技能也是有用的。然而，你的目标是创造一种氛围，让你的孩子能够轻松地接受所有选项，根据具体情况，各种选项都同样有用。

共享图书和学习盟友

多年来，我常听别人谈论他们读过的有意思的书籍，但我既不知道那些是什么书，也不知道作者的名字。我没有读过《哈利·波特》《了不起的盖茨比》或其他任何消遣书籍。在我的思想生活中，阅读消遣是一片巨大的沙漠。在把有声书完全融入我的生活之后，我浏览了网站 Audible.com。然后打电话给一个朋友，让他帮我缩小一下书籍的选择范围。我 35 岁了，却不知道自己喜欢读什么书。我的朋友沃尔特问我喜欢什么类型的电影，并建议我也可以据此选择书的类型。

书籍作为一种媒介对于我来说是如此的陌生，它们就好像是一个不同的世界。我从来没有想过，我的电视或电影生活可能与让我真的不舒服的东西有关。说到消遣阅读，我必须从零开始，培养一种几乎所有同龄人从 10 岁起就拥有的技能，并重建这个阅读世界。我注意到这一点并不是抱怨，只是想说明，没有人注意到，阅读障碍孩子的世界到底离主流世界有多么遥远，除非有人指出这一点。

你的孩子可能会反对你为他提供可以帮助他独立的工具和技能，因为实现这一目标的途径包括从人群中脱颖而出，这会让他们意识到自己是少数派。如果辅助技术给他们贴上了"与众不同"的标签，许多孩子就会抵制使用。然而，如果你能向你的孩子展示其为日常生活带来的好处，他很可能会接受并开始使用它，而忽略潜在的羞耻感。一旦他看到自己解决了自己的问题，他甚至会为使用它感到非常自豪。当我在测试英特尔阅读器时，我遇到了一个叫蒂姆的男孩，向他解释设备的工作原理时，我们问他，如果他的学校有这种设备，他是否会使用它。他在回答之前，反驳道："还有多少孩子在用它？"我说："假设你们班上有 15 个孩子在使用它呢。"然后蒂姆又提了一个尖锐的问题："哪些孩子？"他想知道，在这门理论课上，酷孩子们是否在使用它。我们告诉他酷孩子们都在用。然后他说："好吧。我想我可能会使用它。"

尝试之后，他意识到他可以接触印刷材料，这样就不用在放学后留下来补习，也不用依靠父母读东西给他听，蒂姆对这个产品感到非常兴奋。在演示结束时，他问我们是否想出了这台机器的名字，当我们说还没有想到这一点时，他的回答是："好吧，你们可以用我的名字来命名它！"看到这么快速的转变，我很震惊。蒂姆一直在问我使用这项技术的社会背景，一旦他知道这个设备对他有用，他就愿意在他的朋友面前使用这台机器，并写上自己的名字。

学习支持策略的进化步骤

这些硬件、软件工具和音频库，构成了阅读困难儿童的一套核心学习支持系统。然而，也有一些低技术含量的选择，可以在你建立起一个完全的数字系统之前作为一个桥梁，或者在数字选项不可用的情况下作为备份。

最明显的变通办法就是为孩子大声朗读。父母通常会在孩子幼时这样做，你可能需要延续这一行为，直到你的孩子适应了语音技术。尽快过渡到语音技术，因为它保证了孩子的独立性——能够随时随地阅读（这反过来也解放了你的时间）。

另一个很好的支持方式是允许你的孩子进行小组学习，和其他学生一起做项目。当我在小学和中学的时候，我经常和其他同学一起做作业或讨论当天的课上内容。这对我来说是一种整合所学知识的好方法。你一定期待构建一个鼓励你的孩子与人合作的环境，善用他的优势帮助其他学生，反之亦然。

一种流行的做法是用指派的课后论文代替课堂考试。让你的孩子写一篇论文可以让他觉得自己就像参加课堂考试的学生一样有能力。这也给了他额外的时间进行校对或获得材料讨论等帮助。你还是应该争取在考试期间的全套支持政策，但这是良好的第一步。

支持孩子校对也很重要。当你开始使用语音转换文本的软件时，拼写检查器和其他功能会改善文字输出，但有一个人工干预作为备份也是很有用的。阅读困难人士也有可能永远也写不出完美无缺的文字（我当然不能）。随着年龄的增长，你的孩子必须写出越来越多的书面材料。如果能找到一个专业的校对员，尤其对于学期论文或大学论文，可能会很有用。雇用当地大学文学专业的学生或专业文案进行长期合作也是不错的选择。

对于一个可能羞于寻求帮助的学生来说，不得不经常依赖父母并不是一个好方式。此外，与专业人士合作可以确保你的孩子不会把工作强加给他的朋友，或是依赖于不具备专业技能的校对人员。确保校对人员直接在文本上进行更改，而不是要求你的孩子自己录入修改。一般的校对人员会假设你的孩子能够准确地识别纸质版本上的编辑修改标记。最好是让校对直接处理文字的电子版，然后在孩子使用朗读功能审阅完成后在电子文档中接受修改。这能减少你的焦虑，为彻底整理干净的文稿支付一笔费用是非常值得的。

口语、社交、音乐和叙事型学习者的学习支持策略

· **替代性评估**：与其交论文，不如让你的学生表演一段独白或创作一部电影。

· **视频和音频学习**：拥有这些技能的学生通常会通过电影和高质量的电视节目进行学习。可以寻找与课堂活动相关的纪录片和表演。

· **音乐**：铃木音乐法非常适合阅读困难人士，可以让我们避免阅读乐谱。这种来自日本的学习方法强调用听觉而不是视觉来学习音乐。

视觉工具：增强版的私人管理工具

对有阅读困难的学生来说，保持井然有序可能是一项主要任务，因为许多人，比如我自己，天生就讨厌纸。对于患有注意力缺陷与多动障碍或有执行功能相关问题的孩子来说，这是很常见的问题，提高组织、计划能力的学习支持将是父母和孩子的救星。

　　档案系统通常依赖于读取标签的能力，需要按字母顺序或类别顺序保存文件。为了记录对我很重要的文件，我使用免费软件印象笔记（Evernote）和一部苹果手机（iPhone）。印象笔记允许你获取和组织信息，无论你在任何地方。这个奇妙的工具还可以用来跟踪网页、电子邮件、收据、照片等。

　　这个工具对于习惯视觉化信息处理的学生特别有帮助。在这款软件的桌面界面上，你可以对你的信息进行排序，就像你可以在iTunes界面上对相册封面、白板图片、电子邮件或音频内容进行轻松排序一样。但对于一个有阅读障碍的人来说，有一些功能特别有用。你可以使用印象笔记拍照并储存印刷文本的图像，以便以后需要引用时使用，包括教室的黑板或白板上手写的笔记。这款软件设计非常精妙，它可以让你通过回忆一段内容来搜索这些图像。例如，如果你有一张白板的图片，上面写着有关亚伯拉罕·林肯的文字，你只需举起手机，在搜索框中使用语音功能说出"亚伯拉罕·林肯"这几个字，印象笔记就会挖出所有带有这个名字的文件，包括那些手写的文件。不用再疯狂地寻找笔记或绞尽脑汁地回忆三个月前的白板上说了些什么，这些就在你的手机或你的电脑桌面上！谷歌云盘也是一个很好的整理软件，这里可以让你的孩子存放文件、日历或图像。该程序允许你从任何一台有互联网连接的计算机访问它们，并根据需要导出资料。当你登录谷歌网站时，你可以在菜单的顶部找到谷歌云盘，你可以把它下载到桌面上离线访问。

　　对有阅读障碍的人来说，日程表是一个重要的工具。协调支持项目通常需要一些额外的努力，使用日程表会非常方便。你可能需要和学校的图书管理员谈谈，购买一本书的无障碍版本，或者预约时间和老师谈谈考试情况。让你的孩子参与到这个计划过程中来，会让他觉得自己可以掌控自己的生活。

一个低科技含量的方法是买一个大日历，你可以在上面写字，记录孩子的家庭作业、项目和课业。你也可以让你的孩子使用手机自带的日历来做计划。这对一个年幼的学生来说可能太难了，但是六年级之后，他就能拿起手机对它说："提醒我三点做作业"，那么 3 小时后手机闹钟响起，就能提醒你该做作业了。

总体来说，数字化——也就是开始使用笔记本电脑或 iPad，而不再用纸笔——也为视觉学习者提供了更多工具。其中最显而易见的就是拼写检查。当我还在上小学的时候，老师们对拼写检查器的发明非常不满。他们担心学生们将"永远学不会拼写"。现在，如果一个学生没有用软件检查拼写就交了一篇论文，老师们就会很沮丧："你怎么这么懒，连拼写检查都不用呢？"

还有许多其他的小众技术对高中及以上的学生会非常有用。这些产品包括帮助写作的单词预测软件 WordQ，还可以使用谷歌搜索引擎来检查那些你不知道如何在字典中查找的单词的拼写。这些技术都在不断变化，本书设立了一个专栏，你可以在那里了解更多关于这些技术的信息。

为动觉型学习者提供学习支持

许多视觉或动觉能力强的学生喜欢在白板上工作。在学习数学的时候，你可以随意地画出各种信息和图表，这通常比写在一张小练习纸上有用得多。如果你愿意，可以使用高科技的产品，比如智能画板。或者你也可以用低科技含量的手段，把白纸贴在墙上，在学习和交流的时候，允许孩子在墙上画出自己的想法。同样，对于动觉型的学生来说，实际操作可以极大地提高他们的学习能力。谁说从书本中学习科学才是最好的呢？如果你的学生在四年级的课堂上研究鸟类，一定要让他出去听鸟的叫声，并观察鸟类。

把运动融入学习中是非常有帮助的。可能是创造一个与特定概念相关的舞蹈——例如，以大陆移动的方式在房间里移动，从而理解板块构造的历史。三维模型也可以加入进来，作为交流学习的一种方式。例如，如果你的孩子正在学习数学，在学习抽象概念时，数弹珠或垒积木可以帮助强化一个难以阅读的公式的物理含义。

在家里和教室里进行简单的行为调整，对有阅读障碍的动觉型学生也非常有帮助。例如，那些患有注意缺陷与多动障碍（ADHD）合并阅读障碍的学生通常受益于这种调整：允许他们站起来、安静地走到教室的后面，老师继续上课，或者允许他们玩手中的挤压球。这些简单的方法可以让他们消耗一点能量，同时仍然把他们的注意力带回到主要活动上来。

动觉、空间和视觉型学习者的学习支持策略

• **实验室和实地工作**：寻找动手和互动的机会，而不是仅限于书本阅读——在科学实验室的科学课，去实地旅行的历史课和剧院里的英语课。

• **活动时间**：与孩子的班主任安排好，允许孩子在标准课程中有时间站起来活动。给学生买一个挤压球也会很有帮助，学生可以在上课时用它来消耗多余的能量。

• **替代性评价**：也许你的学生可以用一个三维模型、一幅画或其他类型的艺术项目展示他对基础材料的知识掌握情况，而不是交一篇论文。学习写作技巧也很重要，但只有在你的孩子在使用替代方

法能够写好作文之后再尝试。

• **数学**：数学语音标记（Math XML）是一个很好用且适合高中生和大学生的工具。生活的数学（www.mathspeak.org）提供了语音软件插件，从而实现了计算机读取数学方程的功能。但这只与代数、几何、微积分和高阶数学相关。

• **白板讨论**：通过对话解决问题，而不是根据课本解决问题，是发挥学生数学技能的好方法。使用大量的颜色和形状，使学习的过程更符合项目内容。

糟糕的支持策略

虽然有很多支持项目会给孩子的学校生活带来很大的不同，但也有一些并不顺利。不幸的是，这些往往是你的孩子最先遇到的。最常见的是额外的考试时间。额外的时间可以是一个有用的支持政策，它不应该仅仅被用作一种让学生完成标准化的阅读、写作或拼写的方法，它应该是其他支持策略的有效支持。给一个坐轮椅的人额外的时间爬楼梯是没有意义的。然而，如果上坡道比爬楼梯花的时间长，或者你需要在进入大楼之前花时间建造一个斜坡，那么额外的时间是合理的。

我读研究生的时候考试有额外的时间，主要是其他的支持措施需要额外的时间。例如，有一个人会坐在我旁边，在考试中帮我发现同音异义词。律师非常关心你是用"委员会"还是"律师"这个词[1]。我们还没有能有效识别这些单词的软件，所以我不得不依靠另

---

① 译者注，在英文中委员会council和律师counsel的读音一样。

一个人和我一起梳理试卷，找出我拼写单词不准确的地方，这需要额外的时间。因此，时间调整是合理的。

有三个没有说出来的原因，说明给予额外的时间并不是从孩子的最佳利益出发。

第一个原因，阅读障碍者大脑中的隐喻齿轮比非阅读障碍者移动得慢。千万不要认为这种思维方式足以描述你的孩子。当我们有正确的获取信息的途径时，我们这些"失读症患者"能够迅速得出正确的结论。回想一下我的"泰诺PM"的故事，当我在一个重要的演讲前服用了非处方镇定剂，只是因为我没有注意到标签上的"PM"。如果有一个药瓶能给我大声读出药瓶上的字（音频），或者一个药瓶的颜色编码系统（视觉），或者一个粗糙与光滑的标签（触觉），我就能快速获得正确的信息，但额外的时间并不能解决问题。

第二个原因，这是费用最低的学习支持项目。它提供了最少的政策麻烦，旨在使学校管理考试方面变得更容易。对于一个机构来说，对所有坐轮椅的人说："告诉你吧——因为你是一个特别的人，我们会免费给你额外的时间爬楼梯！"而实际上他们想说的是"我们不会花钱在混凝土和建筑师上，从而让这一切变得更容易"。额外的时间确实符合考试机构的利益：它把责任放在了个人身上，而不是放在了考试机构改进考试方式的上。除此之外，学校管理者可以说他们已经履行了自己的义务，并履行了法律责任。

最后一个原因，它可能是最具偏见性的支持政策之一。主要有两个影响。首先，一个使用额外时间的学生没有一个明显的标识表明他从该支持中受益多少，而其他学生会猜疑自己也会从额外时间中受益。然而事实并非如此。马萨诸塞大学2006年的一项研究表明，虽然特殊需求学生在获得额外时间后取得了很大的进步，但没有特殊需求的学生在获得额外时间后并没有看到很大的进步。有人可能由此得出结论，额外的时间实际上是一种有用的调节，但这是错误的——如果一个坐轮椅的人有足够的时间用手臂把自己拖上楼梯，他就可以进入大楼，但这又有什么意义呢？一个更好的问题是，怎样才能最好地确保学生在考试中取得好成绩？ 2011 年，美国律师资格考试委员会（National Conference of Bar examiner）在一起联邦案件中败诉，因为他们拒绝让一名盲人在参加律师资格考试时使用语音软件。所有的主要考试机构，包括管理 SAT、LSAT 和 MCAT 的人员都写了报告，声称他们很难提供某些支持。法院的结论是，管理人员有义务确保学生得到准确的评估，而不是简单地完成对考试机构来说最容易的事情。

根据《不让一个孩子掉队法》和美国许多州的教育体系，你的孩子应该定期参加标准化考试。如果他打算上大学，他可能会参加 PSAT 和 SAT 考试，学生有权在这些环境中得到支持。这需要有孩子的特定学习障碍和支持政策的文件。例如，大学委员会要求必须在学校中使用支持系统超过 4 个月，才能够在 SAT 考试中申请使用支持系统。重要的是要确保孩子的 IEP 项目能够确保他们获得这些测试的支持政策。

希望你的孩子在需要参加这些考试的时候已经开始使用文本转换语音的软件了。然而，州立考试或大学标准化考试的管理人员可能不准备允许他使用这种技术。因为前面提到的 2011 年的先例相对较近，你可能是第一个要求这些支持的家长。给你的孩子找一个人工阅读器（有额外的时间，因为人工阅读比常规视觉阅读要慢）是一个很好的备用计划。美国的许多州都制定了具体的标准，以阐明他们的测试可接受的支持政策。记住，只是留出额外的时间，这是最廉价和便捷的方法。

超出这个范围的额外时间还有其他负面影响。它要求你的孩子按照与教室里其他学生不同的时间表学习，从而将他隔离开。我在商学院念书时，经常会有额外的考试时间，这往往意味着我不能在学期结束时参加庆祝活动，因为当我还在苦读经济学期末考试时，我的同学们正在院子里玩得很开心。结果，我学会了对朋友撒谎（这不是一个好主意），以避免被视作与众不同。你的孩子也可能试图隐藏他有额外的时间的事实，这只会增加他的羞愧感。记住，你的孩子有权享受最好的学习支持。这就是你应该追求的标准，这是对你的孩子最好的方式，也是对试图准确评估孩子学校最好的方式。

另一种常见而无效的支持方式是，评估者承诺他们"不会因为拼写问题而扣分"或"不会因为任何与阅读障碍有关的错误而扣分"。在我成长的过程中，并不知道如何要求得到适当的支持，有时会去找老师解释我可能会在考试中犯拼写错误。他们会向我保证不会扣分。然而，由于我的语法或拼写错误，考试结果不可避免地会被标上红墨水。当我回去和老师理论时，他总是没办法向我解释我没有理解的内容。默认的结论是：如果你不会拼写拿破仑，你就是不知道他是谁。

不要让你的孩子不得不依赖他人的善意而活。为了取得较好的考试成绩，要创造机会获得孩子需要的工具。最好是在考试前进行一些不那么舒服的、直言不讳的对话，而不是等到考试后才试图清理混乱。

改造，还是支持

学校提供的第二种常见模式是改造而不是支持。改造包括改变学生的表现标准或期望学习的内容，而不是开发出让你的孩子掌握与其他人相同的必学内容的方法。在楼梯的比喻中，这就相当于允许有阅读障碍的孩子只进入第一层楼，而其他所有学生都可以进入第二层楼。如果四年级的学生被要求掌握历史，而你的孩子被告知他可以有一个修订过的考试，在考试中他将被问及比其他学生更多的基础问题，这是一个重大的危险信号。这让孩子在学习进度上落后于同龄人。在一些州，学校甚至会根据改造过的课程提供改造过的高中文凭。俄勒冈州提供这样的文凭——全国性报纸《俄勒冈人报》称为"精简版文凭"。改造代表着学校系统不愿意为孩子开辟一条通向知识的道路，让孩子获得独立。

正确的态度促进工具的使用

你对不同学习方式的反应以及学校的开放程度，都可以改变孩子对自己拥有工具包的看法。更重要的是，孩子的态度将是接受支持的主要推动者或障碍。根据年龄的不同，你的孩子可能非常清楚其他学生是如何看待他的学习支持安排的。我曾见过这样的例子，那些有 IEP 项目的孩子可以让老师大声朗读考题，但当代课老师上课时，他们就跳过了这一环节。他们这样做的原因是，这样做可以让他们抓住一个小窗口，融入班上的其他同学，即使这样做会导致他们在以后的考试中失去大量的分数。害怕被视为异类的恐惧是如此强烈。

在适应的最初阶段，你要给孩子提供足够的伪装，这样他就可以在因羞耻而阻碍支持之前，学会如何很好地使用学习支持系统，并了解它的好处。这可能包括允许他在家里使用语音技术，而不强迫他在公共场所使用。另一种方法是将学习支持与孩子已经做的事情结合起来：让孩子融入其中的一个好方法是从有声书网站下载课程的音频内容到 MP3 播放器，因为谁会知道他的 iPad 里有什么呢？在最初的适应阶段，为了让孩子开始使用它，你所能做的一切都是有益的。

许多工具一开始都不奏效，或者你可能会发现，如果你稍加变动，它们就会有更好的效果，这需要实验。当你尝试文本转换语音时，这种声音不适合你的孩子，就尝试换一个不同的声音，直到找到合适的。尝试用不同的耳机，试着语速快一点或慢一点。我敢保证，一旦你的孩子有了"顿悟时刻"，学习将变得容易，你花在帮助孩子适应的所有时间都是值得的。

从定义上讲，使用支持系统是指与别人做事的方式不同。考虑到阅读困难人士的羞耻感，以及由此激发的隐瞒本能，这可能意味着学生不会寻求他们需要的支持，或者当有人提供支持时，他们可能会拒绝。为了避免被注意到，孩子甚至可能会设置一个没什么道理的"挡箭牌"。举个例子，我五年级的时候还不识字，这让我很羞愧，所以我想出了一个复杂而繁琐的解决办法，充其量也就是歪打正着——每天早上，当我们坐公交车去学校的时候，我会和我的朋友罗斯谈论必读书目里都写了些什么。我对朋友的依赖并不是一种很好的学习支持，因为它让我完全依赖于另一个人：如果罗斯没有出现在公共汽车上，我就不知道书里写了什么。事实上，我的希望之星矩阵是这样的（见图 6-1）。

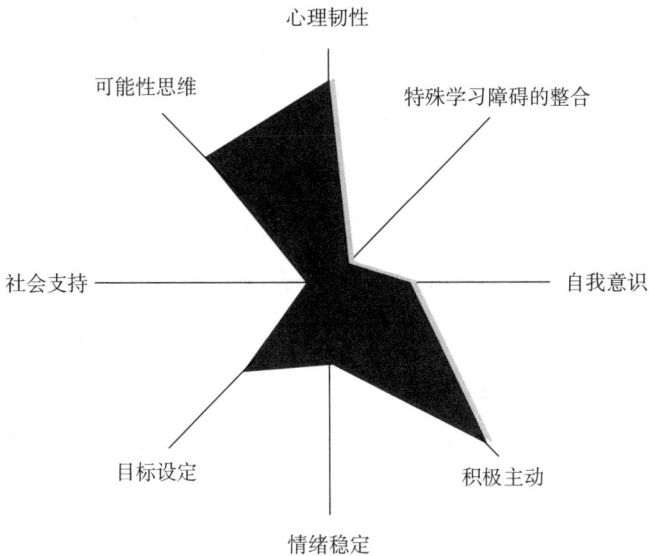

图 6-1　我的希望之星

　　在法学院的第二年，我已经建立了一套可用的强大的学习支持系统。但还是出了问题。第一学期结束时，我去了注册办公室，却被告知他们没有证据证明我需要电子版的考试。"你就不能接受纸质版吗？"服务台的人质问。

　　我表现出了比五年级时更高的自我意识，我说："不，我有权拥有电子版。"在接下来的两个小时里，我从注册主任助理辗转到注册主任，又辗转到学生事务助理主任，最后辗转到学生事务主任。这些对话都是由一个意想不到的障碍所触发的：当我最终获得电子版本的磁盘时，我的电脑磁盘驱动器坏了！我向注册主任建议把考试结果发邮件给我。他担心我把试卷转发给其他学生可能会违反道德准则。我指出考试一小时前就开始了，每个人都已经拿到试卷了。在这之前，我注意到我将错过与我的"同音字检查员"的约定时间，他会来帮助我找到发音相似但拼写不同的单词；为了不让他提前两个小时到学校，考完试的我无所事事地坐着。我的适应力和主动性都很强。考试一结束，我就急匆匆地穿过校园，赶去上商学院的金融课。就在那天，教授叫我和一小群人站在全班面前，向大家展示作业。我没有把这个冗长的（真实的）故事告诉我的演示伙伴，而是对他们撒了谎，说我前一天晚上参加了一个大聚会，我只是没来得及做作业。我没能利用社会支持，也没能完全接纳我的阅读障碍。那天，我不顾一切的掩饰让我在演讲中侥幸过关。那天晚上，我流着泪和朋友们谈起这一天的压力有多大，听到他们惊讶地说："我不知道你要付出这么大的努力。"你可以在这个希望之星图中看到现在填充了更多的区域，但仍有一些缺失（见图 6-2）。

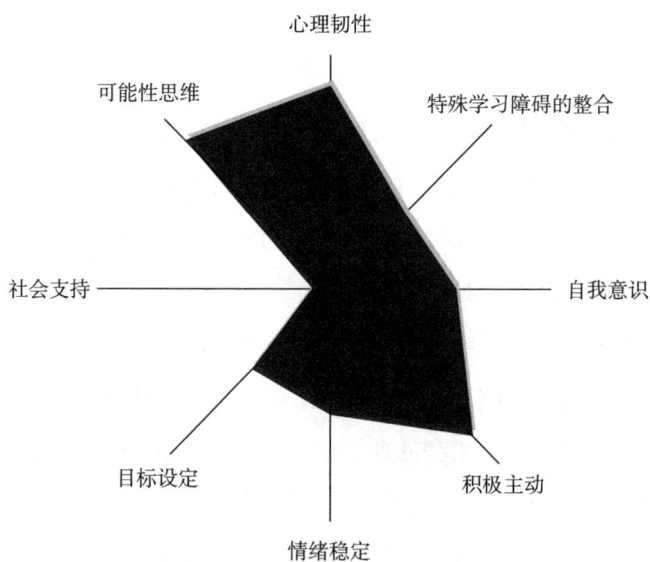

图 6-2　我在法学院时的希望之星

现在跳到我在商学院的第四年，也是最后一年。这时，我周围的大多数人都知道我有阅读障碍。我很擅长使用我的学习支持技术。

事实上，我认为我已经建立了一个完整的系统，它让我独立。那个学期，我在上英特尔前董事长兼首席执行官安迪·格罗夫（Andy Grove）的课。学校资源中心的工作人员告诉我，他们要到开课大约三周后才能给我电子版的阅读包。他们解释说，这学期他们有 7 位盲生，扫描工作让他们不堪重负。我知道我需要和他们建立一种长期的关系，所以我就把这个蹩脚的借口放在一边，去上课，以为我可以用另一种策略跟上他们。在这种情况下，我完全放弃了独立，但我认为从长远来看，这样会更好。

课程讲授的案例是关于英特尔在 20 世纪 80 年代初退出内存业务转向微处理器的转型。这是安迪·格鲁夫做出的决定，这需要他在一天内解雇数千人。当安迪用浓重的匈牙利口音问道："为什么英特尔在 1984 年退出了内存业务？"我举起手回答道："英特尔公司是做马车生意的，后来出现了汽车。"他看着我说："马和马车？DRAM，分布式随机存取存储器，芯片是马车技术吗？你面前的笔记本电脑，今天里面有多少 DRAM 芯片？"

我有点紧张了，回答说："我不知道。"

"8 个，今天。马和车吗？你管这叫什么！？"

我希望用幽默的方式摆脱尴尬，于是说："一个错误。"

他觉得一点儿也不好笑。在这门课上，他向我提问 7 次，比如："马和车先生，你怎么看日本竞争对手的财务状况？"或者"马和车先生，当戈登·摩尔[①]指出，明年 80% 的研究预算已经投入内存芯片上时，你会怎么说？"课程结束时，我崩溃了。正如安迪所希望的那样，班上所有学生都看到了他拿我做的示范，他们学到了一个

---

① Gordon Moore，Intel 联合创始人，也是安迪的老板。

重要的教训：不要毫无准备地走进这个教室。

我立刻回到资源中心，要求见我的学习支持老师。他再次礼貌地解释说，他们工作超负荷了。我在他的办公桌前拉了个座位，坐了下来，盯着他的眼睛说："我不会离开你的办公室，除非你把安迪·格鲁夫课程的阅读材料给我。"通过这个声明，我强调了我的独立，确保了我的支持系统在为我工作。30 分钟后，他让人扫描了这份文件。两天后，我回到教室准备战斗。他问了第一个问题后，我又举起了手。但这次我知道我在说什么。

在接下来的 6 节课中，我总是第一个举手的人，并且总是对信息了如指掌。最后，我鼓起了勇气，走过去和他谈了谈阅读障碍的事。事实证明，他对语音软件非常感兴趣，因为他自己也因为某些原因尝试过语音软件。在课程的最后一天，我去感谢他让我度过了我一个很好的学期。他问我春天毕业后做什么。我告诉他我不知道。他递给我他的名片说："来为我工作吧。"

一开始很糟糕的情况变成了我生命中最重要的职业关系之一，并使我开发了英特尔阅读器，写下这本书。正是我的态度倾向使这种情况发生了扭转（见图 6-3）。

我对社会支持的使用仍然没有达到应有的高度。我没有和同学们公开谈论发生的事情。现在回想起来，我敢说他们一定很困惑：昨天这家伙被教授"爆头"了，第二天他就开始发挥自己的实力了？

一个人对支持和使用学习支持工具的态度是不断变化的，要跟踪孩子的反应。但这些故事表明，你在创造一套良好的学习支持策略上投入的时间和精力，利用这些技术的态度，可以带来很大的成就。

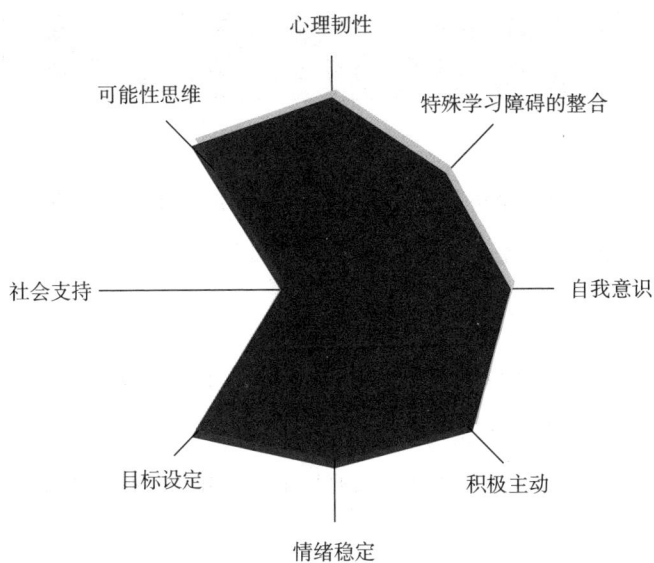

图 6-3 课后我的希望之星发生转变

识别身边的环境

我们既要能够识别那些可能给孩子带来痛苦的有毒环境，也要知道什么是对孩子发展有利的环境。

有毒环境

☐ 在与学校交涉后，很长时间（3个月）没有看到学校方面的任何变化。

☐ 学校认为孩子懒、没有尽全力，并要求孩子更加努力地学习。

☐ 学校质疑孩子的智力水平。

☐ 学校不提供有声读物等配套资源来帮助孩子学习。

☐ 学校的评估和支持策略缺乏灵活性，比如不允许以电子版的形式提交作业（此情况需要根据年级不同灵活判断）。

☐ 学校过分强调不合时宜的教学方法。

☐ 对学生及家长的表现要求严格，达不到即被归为"异类"。

☐ 学校根据学习成绩来限制孩子的活动，比如如果学生没有完成作业，就不允许参加体育活动。

☐ 学校以单独辅导或其他物理方式不允许孩子参加常规课堂活动。

有利环境

☐ 尽量在不完全隔离阅读障碍学生的情况下，为学生提供额外的帮助。

□ 愿意审视并调整学校的课堂教学和评价方式，以适应多样化的学习需求。

□ 接受学习方式的多样性，并为学生提供个性化的教育项目。

□ 帮助孩子在学校环境中谈论并使用辅助支持工具。

第三部分

改变成就未来

第 7 章
被读困造就

在我成长的过程中，每当我想起阅读障碍时，就会感到害怕和孤独。今天，当我通过它与他人建立联结时，我会感到很快乐。这在很大程度上源于我对阅读障碍所持的开放态度，所以大家认识的是最真实的我。我第一次感受到阅读障碍带给我的力量，是在碰到那些与我有相同经历的人时。自从开始整合自己的阅读障碍，我开始追随那些和我一起建立阅读障碍社群的导师和同事们。不久后，我终于能够洗刷掉那些因阅读障碍所带来的羞耻感。

孩子觉得自己毫无价值是一件令父母心碎的事情。帮助他们消除这种感觉的最好方法是为孩子找到一个社群。本书强烈推荐的方法之一是找到与孩子有相同经历的人。在美国最好的全国性组织可能是灵犀计划（Eye to Eye）。它始创于1998年，由布朗大学的一群有特殊学习障碍的学生创立，目前在全美国有57个分部，并且数量每年都在增长。他们用基于个人优势（强项）的方法帮助孩子们。他们让来自本地大学或一些高中、有阅读障碍或者其他特定学习障碍的学生，成为小学和中学特殊教育班级中的辅导老师。这个组织用艺术项目来引导孩子们谈论自己，并使用我们在第3章中讨论过的大部分的态度倾向测试，例如心理韧性和学习障碍整合。如果你能让孩子参与其中，或者能够在自己的社群组建一个分部，对孩子来说将是一个重大的胜利。同时我也是教育革新（Education Revolution）组织的忠实粉丝，它由家长教育网络（PEN）和学生教育顾问（SAFE）、专注于学习困难问题的社区组织（在第2章中提到过）联合发起。

另一个让我从羞耻过渡到喜悦的因素是，自己意识到如果大多数体系不适合我，我可以改变这些体系。为了让自己和孩子收获这份喜悦，你可能需要改变所处的体系。如果你的目标只是让孩子成为所谓的"正常人"，你将永远不会拥有改变的力量。如果你能引导孩子的思路朝着创业者思维模式发展（这也是许多阅读障碍人士用过的），将能促进改变并创建一个家庭引领模式，供其他阅读障碍者实践。

如果你的目标只是让孩子成为所谓的"正常人"，你将永远不会拥有改变的力量。

创业者思维至少包括五项技能：

- 喜欢挑战
- 打破常规
- 寻求适当的帮助
- 善于合作
- 处理失败（心理韧性）

这些恰好是阅读障碍儿童必须学习的技能。对于有阅读障碍的孩子来说，每天走进学校都面临着严峻的挑战：同龄人可能会嘲笑他们，学校可能无法提供他们独立学习所需的辅助支持设施

（accommodations）。从本质而言，阅读障碍意味着以非常规的方式做大多数的事情（例如，进行听觉阅读而不是视觉阅读）。寻求帮助是阅读障碍人士的一项强大能力，因为有很多事情我们根本无法自己完成。例如，我一直将校对工作委托给其他人，无论是同事还是自己信赖的朋友。阅读障碍者秉承自身优势，依靠他人填补弱势领域的空白，通过合作获得更有效的成果。最后，如果你遵循第 3 章中概述的路径（衡量并提高心理韧性），你的孩子将在这方面处于良好状态。孩子在三年级时遇到的小失败，比如拼写测验成绩不及格，可以让他在将来面对更大挑战时做好重整旗鼓的准备。

总的来说，我发现企业家和阅读障碍人士有一个共同的特征：都喜欢成为未来的设计者。当我致力于开发工作时，总是最开心的。无论是开发英特尔阅读器，启动和运行导师指导计划，还是编写本书。你永远都不知道生活将给你带来什么，这不仅是因为你接收指示存在困难，还因为各种机构经常给你出些无法预料的难题，这一切将促使你踏入一个创造性的角色。硅谷传奇计算机科学家艾伦·凯（Alan Kay）有一句特别著名的话："预测未来的最好方法就是发明它。"因为如果你开创的是新事物，人们就无法说，你做错了。

运用创业者的思维模式

正如我之前指出的，根据伦敦卡斯商学院（the Cass Business School）进行的一系列研究，35% 的美国企业家有阅读障碍。鉴于阅读障碍占人口的 10%～15%，企业家的阅读障碍比例比预期高出了 3 倍。然而，同样的研究人员发现，在大公司中，只有不到 1% 的中层管理人员有阅读障碍。

"预测未来的最好方法就是发明它。"如果你开创的是新事物，人们就无法说，你做错了。

创业者精神不仅仅适用于创业。我前面提到的这些非营利组织，都在运用创业者思维来改变运作体系并满足阅读障碍者的需求。更广泛来说，创业者精神是一种可以应用于所有领域的领导力形式。我听到的对领导力最好的定义来自达顿商学院（the Darden School of Business）的杰克·韦伯（Jack Weber）和 卡罗尔·韦伯（Carol Weber）教授："领导力，要么改变人们认为可能的事情，要么改变人们认为合适的事情。"

无论是在政府、非营利组织、学术机构还是传统商业环境中工作，企业家都会这样做，即利用相同的技能组合来挑战机遇、寻求创新、授权和协作。本章接下来的部分将重点介绍一些我最喜欢的、正在改变世界的阅读障碍者。你和孩子可以借鉴他们的经验，以他们的成功为榜样，走出自己的路。

令人刮目相看的阅读障碍人士

有很多著名的企业家是阅读障碍人士：嘉信理财（Charles Schwab

Group）创始人、董事长查尔斯·施瓦布（Charles Schwab）；维珍集团（Virgin Group）的创始人理查德·布兰森（Richard Branson）；金考公司（Kinko's，曾是一家以印务为主的全球连锁公司，后被联邦快递收购）的创始人罗·奥法里（Paul Orfalea）；美国电话电报无线公司（AT&T Wireless）创始人克雷格·麦考（Craig Mc Caw）；以及思科公司（Cisco Systems）的现任 CEO 约翰·钱伯斯（John Chambers）。在这里仅举几个例子，在附录中我曾列举过很多。他们的阅读障碍通常被认为与他们的成功是相对立的，然而事实恰恰相反：这些人之所以成功，部分原因在于他们有阅读障碍的经历。

在前面，我讨论了如何看待巴顿将军的阅读障碍与他的毅力和动力之间的直接联系。重要的是让阅读障碍儿童了解那些成就卓越、鼓舞人心的阅读障碍人士是如何生活的。

我认识许多阅读障碍人士，虽然不太有名，但他们已经整合了自己的阅读障碍，并不懈地为构建阅读障碍社群而努力着。以下是一些他们的故事，在这里面还展示了体现他们优势之星的独特图形（在第 3 章中，你也曾为自己的孩子制作了一张），可以了解他们的个人特质。

皮特·登曼（Peter Denman）

帮助霍金与外界交流的人

皮特是英特尔的一名设计师，我们是在第一次开发英特尔阅读器时认识的。在研讨会上的深入讨论之后，他主动打电话给我说："我想告诉你一件事，但你必须为我保守秘密：我有阅读障碍。"很多人与我分享过与之相同的秘密，但皮特是第一个真正让我感到震惊的人，因为皮特四肢瘫痪。他是我认为最能体现办公室残疾人工作能力的典型代表。他使用电动轮椅，他双手的使用功能也有限，这意味着他必须使用特殊的工具来完成绘图和布局等核心工作。然而，在他 20 年的职业生涯中，他隐藏了一个事实，即他无法轻松地拼写或阅读。他后来告诉我，他因阅读障碍而在三年级考试中不及格，当时管理学校的老师当着全班同学严厉地批评他，给他留下了刻骨铭心的痛苦记忆。我很尊重皮特那时的想法，但具有讽刺意味的是，这个为阅读障碍者设计产品用户手册的人，却不想告诉别人他是阅读障碍大家庭中的一员。

在英特尔阅读器推出的过程中，皮特和我开始更加频繁地谈论阅读障碍。几个月的时间里，我们进行了多次谈话，我问他是否愿意更公开地谈论他的阅读障碍。最后，他终于能平静地告诉雇主他的真实情况。这个进展十分顺利，于是他决定再次突破自己的舒适区，他成为在美国俄勒冈州举行的阅读障碍会议的正式发言人。他的第一次演讲名为《四肢瘫痪如何治愈我的阅读障碍（不是真的治愈）》。此后他在多个论坛发表演讲，每次都很成功，因为他风趣幽默、率真且鼓舞人心。

在这些略带忧伤的谈话中，皮特解释说，他一直被阅读障碍困扰，这使他进入大学后便退学。在没有支持（accommodation）的情况下，他无法学习。此后不久，他受伤并成为一名轮椅使用者。从那时起，学校开始向他提供磁带、笔记记录员和其他被认为有助于四肢残障者取得学业成功的辅助支持（accommodations）。但他们不知道的是，他们还为他提供了能够接触印刷资料的机会，帮助他"克服"了不可见的障碍：阅读障碍。这也许是我见过的最好的伪装方式，皮特的两种障碍都获得了帮助，而他却只公开承认其中的一个。

皮特的故事中最可贵的部分是，他利用自己残障的亲身经历为改变世界所做的努力。最近，他成为英特尔团队中帮助斯蒂芬·霍金（Stephen Hawking）教授更好地与外界交流的一员。霍金是世界著名理论物理学家，患有运动神经元疾病。皮特因在语音软件方面的专长及其阅读障碍的经历，被选中帮助更新霍金博士实现表达想法的语音输出界面。皮特在英特尔的工作包括公司新产品的开发，这让他的创业者精神特质得以发挥（见图7-1）。无论是为霍金博士创建新的语言输出界面，还是接受其他前沿的工作挑战，皮特都会运用他在残障背景下学到的创业者技能来改变世界。演讲中，他通过让人们了解他自身可见与不可见的残障之间的联系，并创建社群。

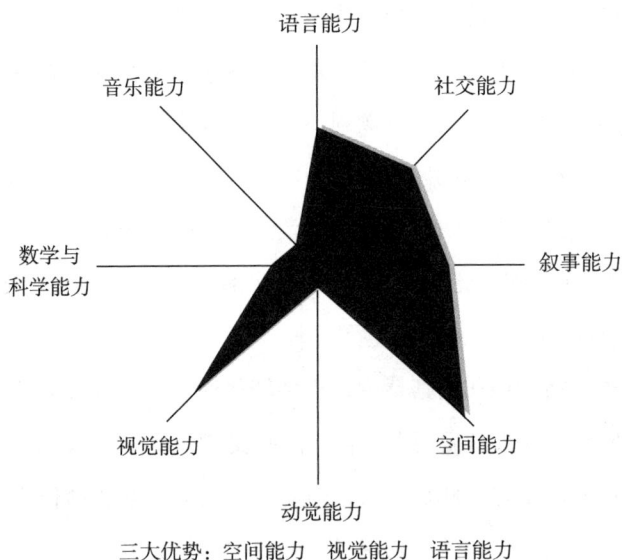

三大优势：空间能力　视觉能力　语言能力

图 7-1　皮特的优势之星

娜塔莉·坦布雷罗（Natalie Tamburello）

让每个人都参与进来

娜塔莉是我在第 3 章中曾提到过的年轻女子，她在二年级每次被要求大声朗读时，都会唱歌。同年她被确认为阅读障碍并被要求离开了那所学校。然而，她很幸运，她得到了父母为她提供的支持和帮助。她的母亲朱莉告诉我："我们不断地问她'什么能让现状变得更好？'然后我们会按她说的去做，包括在上学前为她准备一些特别喜欢吃的东西，或是支持她获得应有的辅助工具。"六年级前，娜塔莉已成为关注学习障碍问题的倡导者。她也是在本章中提到的组织——学生教育顾问（SAFE）的创始成员之一。在过去的 10 年中，他们组织有阅读障碍或其他特定学习障碍的学生参加湾区的专题小组讨论，并为社群举办相关会议及研讨会。他们以清晰直接的方式与教师、管理人员、学生以及家长谈论他们的经历。

娜塔莉还与其他 SAFE 志愿者合著了一本名为《当你可以时就读它》（*Read This When You Can*）的书。这本书说出了有阅读障碍和多动症学生的心声，将他们作为特殊教育的重要对话者，并以他们作为整本书的叙事中心。这本书已被指定为哈佛教育学院研究生的阅读材料。

娜塔莉目前在英国剑桥圣约翰学院的融合和特殊教育项目中学习，在那里她即将完成硕士学位。最近她在加州大学旧金山分校医学中心实习，作为研究阅读障碍人士成功特质的团队一员，她还曾在斯坦福大学从事大脑 fMRI 研究。她对这个领域的贡献还包括创建了"灵犀计划"的两个分部。在所有这些活动中，娜塔莉传达了新一代的声音，将阅读障碍人士的"让每个人都参与进来"的观点设为核心议题。为此，她花时间与他人合作，勇于冒险和打破常规（见图 7-2）。

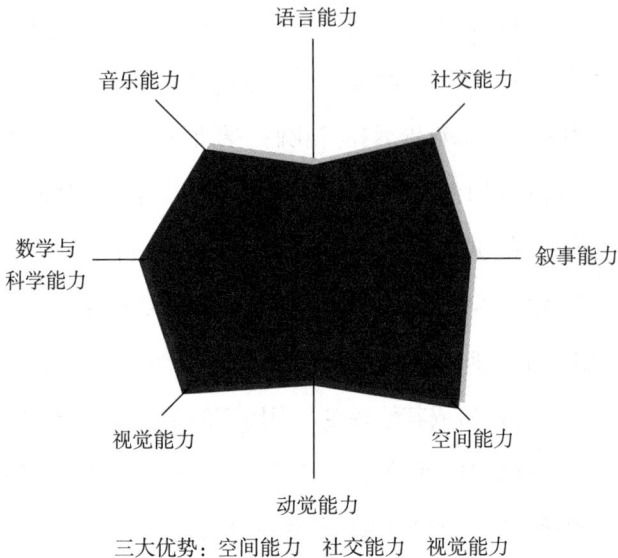

三大优势：空间能力 社交能力 视觉能力

图 7-2　娜塔莉的优势之星

肖恩·史蒂文斯（Sean Stevens）

让孩子远离街头

肖恩曾担任社区的特教老师，专注于美国俄亥俄州哥伦布市市长的帮派预防计划。他从事这一工作是因为他有街头生活的一手经验，肖恩曾被指控大规模分销违禁品，因此在联邦监狱服刑了 20 年。

肖恩在非常复杂的环境中长大，小时候多次搬家。他 5 岁时，母亲被监禁，他被弃养。他的养父常常因他成绩不好而殴打他，用让人难以置信的语言对他这个弱小的男孩大声吼叫："不读书不写字的人是死人！"

不幸的是，肖恩所遭遇的因阅读障碍导致的困难经历是非常普遍的。得克萨斯州的一项研究表明，41% 的监狱人口能够被确认为有特定的学习障碍，如阅读障碍。如果用这一比例推算，在美国超过 230 万的囚犯中，有超过 94 万人有阅读障碍或相关特定学习障碍。

肖恩现在正在帮助年幼的孩子避免重蹈他的覆辙。他与学校管理部门合作，帮助解决可能导致学校帮派活动的潜在原因。当他听说一个孩子卷入了帮派时，他首先会检查那个学生是否有阅读障碍。如果孩子确实是，肖恩会向学校提出学习支持服务的申请，如果学校不能给予支持服务，学生很可能会辍学并可能遇到更多麻烦。

肖恩的故事里我最喜欢的部分是他的创业者精神（见图 7-3）。他通过一位 OG 辅导老师与我联系，这个老师一直无偿帮助肖恩提高视觉阅读能力。当我们交谈时，我问肖恩是否使用过辅助阅读技术。他表示不太熟悉这些东西，所以我给他寄了一个英特尔阅读器。收到后的第二天，他打电话给我说："我熬了通宵，把我公寓里的所有能读的东西都读了。"这包括他的假释官发来的通知和其他的重要信息，因为如果没有这个辅助技术，他无法阅读这些信息。他说他将在当地新闻中推广使用该工具，并说服学校开始购买这一产品。两周后，他给我发了一段当地福克斯新闻关于肖恩和英特尔阅读器的介绍！他确实正在改变以往人们自认为合适的和可能的东西。

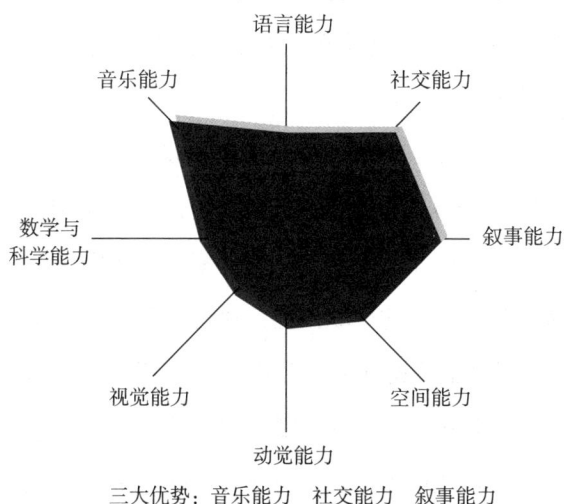

三大优势：音乐能力　社交能力　叙事能力

图 7-3　肖恩的优势之星

223

肖恩是我最喜欢的阅读障碍人士之一，因为他的经历凸显了阅读障碍人士的精力可以转向哪些方向。有一些教育工作者希望主要从帮助儿童而非成人的角度来定义阅读障碍，并根据 SAT 或大学录取的结果来构建对话框架，而他们没有将落脚点放在获得就业机会和让孩子留在教室、远离街头。

特蕾西·约翰逊（Tracy Johnson）

为改变当地人的生活而工作

特蕾西是美国宾夕法尼亚州费城附近的东部学院的招生顾问。我在一部 HBO 纪录片的首映式上遇到了她，我们都是这部名为《阅读障碍之旅》的纪录片的参与者。在她的片段中，特蕾西讲述了她如何在六年级时被安排接受特殊教育，但她那时并没有被确认为阅读障碍，直到几年后，当她看电视剧《科斯比秀》时，其中一集的角色西奥被确认为阅读障碍，这时她才意识到自己也是。那时，特蕾西已经二十多岁，是一所公立学校的看门人。然后，她寻求基于 OG 方法的干预辅导和支持策略，这使她能够重返学校，以 4.0 的学分绩点从大学毕业。

自那以后，特蕾西成为学习盟友（Learning Ally）的发言人，并在 2012 年"教育革新"活动中担任主要发言人。她创建的非营利组织"希望之船"（Vessels of Hope），为非裔美国男性和女性提供职业和教育方面的咨询。在这个职位上，她经常指导那些与她学习境况相似的人，帮助他们重返校园或找到更好的工作。

与特蕾西交谈时，我学到了很多如何解决居住在市中心贫民区的阅读障碍者的问题的方法。她向我解释说，那里的居民对教育的期望值通常很低，而其中那些被冠以"懒惰"和"蠢笨"标签的阅读障碍者的则更低。她致力于通过一对一会面来帮助那些与她一样有学习困难的人，扭转这一趋势。

特蕾西拥有极佳的交往能力，她向一位成功的商人马修做的一次关于学习辅导的演讲就是最好的例子。马修是一位企业家，在英国设立了一个辅导项目。对于阅读障碍的学生，他们二人的指导理念十分相似，这让我印象十分深刻。特蕾西在费城市中心工作，而马修在伦敦与科技行业人士合作。对我来说，这体现出了阅读障碍群体内部的紧密联系，无关种族、性别、国籍或财富，我们可以在他们二人身上看到相同的担忧和教训。特蕾西制订的培训原则对有阅读障碍的人群是个了不起的贡献。对于如何改变人生方向，特蕾西是一个极好的例子，她冒着风险辞掉看门人的工作，并成为一名招生顾问。今天，她运用创业者技能为改变当地人的生活而工作（见图 7-4）。

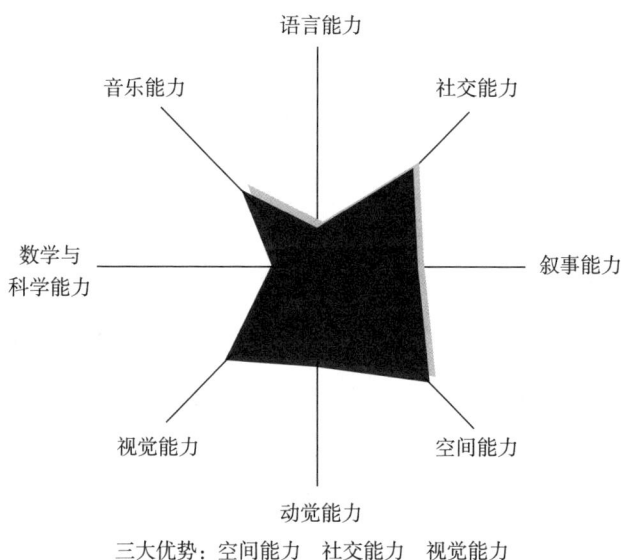

三大优势：空间能力 社交能力 视觉能力

图 7-4 特蕾西的优势之星

乔·斯图茨（Joe Stutis）

改变阅读障碍历史的人

乔在美国亚拉巴马州的农村长大，20 世纪 50 年代他在学校度过了一段糟糕的时光。他有阅读障碍，"二年级时考了 27 分"。那个时代对像他这样有障碍的学生的教育方法迫使他离开了主流学校，他被送到一家为装瓶公司修理板条箱的工厂。他六年级就辍了学，18 岁时参了军，参军后他发现自己并不像别人认为的那样：蠢笨和懒惰。实际上，在步兵厨师班里，他期末考试得了 97 分，是基地当年的最高分，并赢得了一座奖杯，这让所有人都大吃一惊。他解释说："有人给我读问题和选项，我只是将答案标记下来。"那个时代，军队新入伍的学员很多都是文盲，所以在考试的时候，会为所有的新入伍学员提供大声朗读试题的辅助支持。

当乔回到亚拉巴马州时，他找到了一份为田纳西河谷管理局（TVA）铲煤的工作。而他的梦想是成为一名重型设备操作员，掌管大型井架、推土机、拖船的操作。在 9 年的时间里，他每年都尝试通过笔试成为一名学员，但每年都因阅读和写作能力不佳而失败。有一年，他去见工厂的主管，对他说："你好像认为我脑子有什么问题。"老板顿了顿，看着他说："乔，我觉得你要认真考虑一下你的想法。"那是 1979 年，再过 11 年美国残障人法案也还没颁布。但作为田纳西河谷管理局（TVA）员工，乔为美国联邦政府工作，这意味着 1973 年通过的《康复法案》适用于他。当时乔并不知道这一点，但他具有非凡的正义感、主动性和心理韧性，致电华盛顿特区的平等就业机会委员会（EEOC），问了一个基本问题："我被告知不能驾驶卡车，因为我不会阅读。这是否违反法律？"提这个问题的绝妙之处在于它直击问题的根源：他得出的结论是系统本身可能存在缺陷。

1983 年，由三名法官组成的联邦上诉法院小组作出了对他有利的裁决。田纳西河谷管理局（TVA）决定结束此案并给予他辅助支持。在起草《美国残障人法案》期间，引用了此案例作为例证，确定雇主不得要求进行与所在职位工作无关的筛查考试。正如乔所说，你不能说一个人不能驾驶卡车，只因为他不会阅读。

乔在阅读障碍方面是我的第一个也是最伟大的导师（见图 7-5）。很难想象乔在那样不理想的社会生活环境中，如何成为一个阅读障碍活动家。他的案例为许多有障碍的人打开就业大门。我们可以从他的例子中汲取养分，尝试运用创业者技能，例如承担风险或者做不同的事情，来改变我们的社群。

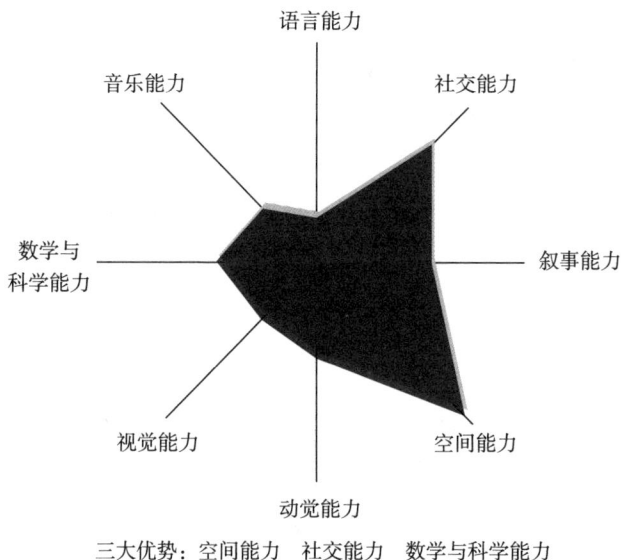

三大优势：空间能力　社交能力　数学与科学能力

图 7-5　乔的优势之星

全新的阅读障碍

以上讲述的这些人有着完全不同的生活经历，唯一的共同点是：他们都有阅读障碍。如果你让他们中的任何一个人手写两个句子，他们中的任何一个人都无法保证拼写的所有单词都是正确的。但所有人都找到了适合自己的支持方案，从而帮助他们获得独立。他们所有人都知道如何把自己不愉快的经历融入过去。我希望你和孩子也可以从这些故事中找到共鸣，并开始在自己的生活中应用所学到的面对挫折和失败的能力，保持开放的态度。

首先，我确信，只要你开始致力于将身边有关联的人转变为阅读障碍的支持者，你就会更快乐。这将有助于治愈你自己所遭受的痛楚，通过与他人的连接找到快乐的源泉。我要强调的是：这不是一件容易的事情。公开谈论自己的阅读障碍确实存在一定的风险，无论是儿童还是成人。有人会对阅读障碍有不准确的看法，也有人会猜测你的孩子掌握课内知识的水平和课外生活的能力。但是试图隐匿真实家庭现状而产生的恐惧和羞耻，是具有腐蚀性的，如果极力隐瞒，这个秘密会变得极具破坏性。为了帮助你走上正确的道路，我提出以下4条法则，我相信它们是解决阅读障碍困难的核心。我称它们为阅读障碍的根本法则，你可以教授给孩子，也可以内化成自己内在的应用法则，从而帮孩子接受阅读障碍的现状并转变成快乐大家庭的一员。

法则1：感到自豪。给孩子创造最大程度上的安全感，指导他如何告诉他人自身有阅读障碍，整合优势和弱势。

法则2：独立学习。使用最适合孩子的学习形式，无论是视觉阅读、听觉阅读、手指阅读，还是任何其他类型的阅读，忽略其他人想让你使用的方法。

法则 3：建立社群。寻找同你有相似经历的家长和阅读障碍者，根据共同的经历形成社群。

法则 4：留下遗产。通过努力改变学校、工作场所或其他能影响政策和文化的机构，使其他的阅读障碍者在未来过得更轻松。

首先让您自己的孩子获得学习和支持的机会，使他能够获得独立。但请记住，阅读障碍是伴随一生的。一旦你掌握了基础知识，我保证你会开始寻找方法，逐步走出舒适区，帮助他人。这其实很简单，家委会上公开表现你很高兴能在社群里与有阅读障碍儿童的家长交谈。或者，也可能是你的孩子在进入高中后再回到小学三年级教室，面对满屋子的孩子谈论他的阅读障碍经历，尽管这些孩子对阅读障碍似懂非懂。这些小改变可以极大地改变学校系统，为阅读障碍者找到自己的出路！

第 8 章

一些神奇的事情即将发生

父母们经常向我倾诉，他们很担心自己的孩子。我总是告诉他们，他们正在寻找孩子需要的信息，这表明他们正走在正确的道路上。像他们一样，你正投入时间和精力寻找正确的信息，并培养孩子走向独立，我要对你付出的这些关心和努力说声"谢谢"。

你正在为你的孩子做一件很了不起的事情。要解决围绕阅读障碍而生的不确定性，为孩子创造公平的竞争环境，都需要实实在在的付出。家长要有极大的信任去赋予孩子自己处理这些事的权利。通过阅读本书，又一个家庭可以避免我曾遭遇过的一些陷阱。最重要的是，通过掌握本书中的信息，你正在为孩子创造一个不再孤独的世界，他们可以向其他人展示自己本来的样子。实际上，你可以深吸一口气，慢慢吐出来，然后微笑着对自己说："我做得很棒。"继续努力吧，我将会等待，听你大声地说出来。

> 你正在为你的孩子做一件很了不起的事情。你正在为孩子创造一个不再孤独的世界，他们可以向其他人展示自己本来的样子。

你可能还不完全相信这个说法，但是请相信我，它确实是真的。这并不意味着这个过程不可怕，或者没有复杂的问题需要解决，但是你拥有解决未来问题的能力。

未来是光明的

一旦你有机会将本书中的一些经验付诸实践，并且对孩子的学习障碍的整合变得更加自如，一些神奇的事情就会发生。首先，你将发现自己精力更充沛了，因为孩子的表现不像以往那样令人感到焦虑或羞愧。我见过无数人困在情感的诺克斯堡[①]中守着自己的秘密，而当他们掌握了如何讲述自己的故事后，真正的快乐会随之降临。

另一个惊喜是你会发现阅读障碍无处不在，他们的数量居然占美国人口的 10%，更有人认为广泛的学习障碍比例高达 20%，这意味着仅在美国就有 3 000 万人。我在巴西、英国、西班牙和中国都遇到过阅读障碍人士。记住，这是全球性现象！当你对这个问题更加公开时，就会有人来找你并倾诉他们的阅读障碍。如果他们想让你保守秘密，我建议你这样做，但要向他们说明，如果他们勇敢地走出 10% 的舒适区，与更多的人谈论这件事，他们可能会更快乐，你会发现有些最好的朋友就是通过阅读障碍认识的。在第 7 章中，我曾阐述了阅读障碍群体之间的特殊纽带，你会享受社群间的相互联系带来的愉悦。

另一个让人吃惊的现象是，大多数人完全缺乏对阅读障碍的了解。然而，这方面最有趣的现象往往来自亲密朋友和家人。我没法告诉你具体有多少这样的例子发生，整合了阅读障碍的成年人常因

① 诺克斯堡是美国肯塔基州的一个军事基地。

阅读障碍无处不在，广泛的学习障碍比例高达 20%，这是全球性现象！

家人或朋友的不了解而感到震惊。就在上周，一位朋友决定在工作场所提出需要辅助设施，他父亲则提出了疑问："我看到你一直在看东西，为什么还需要电脑在你旁边说话？"虽然父亲的话不是在批评他，他只是不了解儿子大脑的内部运作方式，或者——更重要的是——他的儿子每天进行视觉阅读的体验是多么让人气馁。对阅读障碍的认知缺口非常普遍，进一步表明这个问题的复杂性，以及为他人创建理解环境的帮助有多大。

我最常遇见的对话之一是这样的："你有阅读障碍吗？你看起来不像有阅读障碍。"

"是吗？那我应该看起来是什么样子呢？"

不久前，一个和我一起上大学的朋友来新家拜访。他走进我的客厅，惊呼道："哇，你真的有阅读障碍啊！"

我回答说："客厅是怎么让你发现了我的阅读障碍问题的？"

"你的书架上没有书。我习惯于扫视客厅的书架，看看客厅主人读些什么书并与其讨论。但你这里什么也没有。"10 年前我就告诉过他我有阅读障碍，也曾说过我在考试中需要延长时间的事，或者依靠听讲座来理解文章主题。但直到他看到实证，或者更确切地说，看到我的生活中真的没有书籍，他才明白。尽管我每个月会听 2～3 本书，但那些 MP3 不会堆放在书架上。为了持续更有效地用听来学习，我还会邀请别人在有声读物上签名。我读过普利策奖获奖诗人菲利普·舒尔茨（Philip Schultz）的《诗意人生：我和我的阅读障碍》（*My Dyslexia*）。当我在一次会议上遇到他时，请他在智能手机上签名。这是我喜欢向任何乐于听力阅读的人炫耀的签名。

最后一个惊喜是：你会发现关于阅读障碍，你们的生活将分为两个阶段。对你自己和孩子都是如此。即前阅读障碍整合（pre-dyslexia integration，PDI）时期和后阅读障碍整合（after dyslexia integration，ADI）时期。虽然不能确定哪一天会是转折点，但是可以肯定的是，你会注意到，在某个时间点，你和孩子都不再抗拒或隐藏这个问题。这是我引进的新术语，我建议你在谈论有关阅读障碍历史的时候使用，希望您的 PDI 时间尽可能短，ADI 时间尽可能长。

我的后阅读障碍整合期（ADI）的转折点出现在研究生第二年，我参加了成人阅读障碍的大脑研究。研究人员试图证明阅读障碍儿童的大脑模式会持续到成人时期。参加这项研究时，我要在斯坦福大学医学中心接受数小时的笔试和口试，以证明我有阅读障碍。

测试结束后，我开始紧张了。我突然想到，所有的测试都有可能证明我不是真正的阅读障碍。如果没有阅读障碍，那么我在学校得到的所有辅助设备都是不当获利。也许我真的很懒，没有像同学们那样集中注意力；也许我很笨，不能适应高阶学习。

当我拿到结果时，穿着实验室外套的研究员看起来很紧张。她无法与我进行眼神交流，在座位上坐立不安。她越是着急，我就越担心考试结果不利。她终于从写字板抬起头来说：

"本，我不知道该如何告诉你这个消息……你真的有阅读障碍。"

"真的？太好了！"我大大松了口气。

"等等，这是好消息吗？"

"确实是！我还很激动呢！"

"嗯，在阅读和写作方面，你处于末端的15%。"

"这么突出！"

"你在字母识别方面则处于最末端的1%——我们甚至没有办法描述当你看到一个字母时，识别它有多困难。"

"这真是个好消息，我还怕我是假阅读障碍呢，很高兴这都是真的！"

就在那一刻，我忽然意识到我在自我认同上取得了突破，后阅读障碍整合期（ADI）的转折点出现了。从不喜欢自身的阅读障碍而不喜欢自己，转变为将它视为自己不可分割的组成部分。我还意识到虽然阅读障碍给我带来了种种不便，但我却会因为这个而取得成功。

来到后阅读障碍整合期（ADI）时，你开始利用所学到的经验和创业者技能来支持孩子，而不仅仅是煎熬地度过每一天。最终，你会发现，自己和孩子很乐意帮助曾和自己一样的人。我建议你在那时开始寻找改变环境的方法。我们的学校、工作场所，以及在某种情况下我们的家庭都能够在这方面做得更好。从身边的改变开始。每次当一个人积极谈论自身的障碍或在家庭中被接纳时，阅读障碍将以自身的方式进入更广泛的领域。最终，我们能促成更高级别层面的重新思考——什么是可能的，什么是合适的。最有意义的部分是阅读障碍的未来，你和孩子可以为其提供帮助。我敢打赌你们都会喜欢让未来变得更加光明。

从身边的改变开始。

附录 1

美国国家学习困难中心(NCLD) 学习障碍自查表

美国国家学习障碍中心(NCLD)制作了一份全面的学习障碍检查表,使我们能够更加深入了解孩子在课堂上以及其他方面的表现。这里有根据《美国残疾人教育法》(*The Individuals with Disabilities Education Act*,IDEA)规定的一些表现,还有一些其他的特殊学习障碍(SLD)的表现。IDEA 规定的其他一些与口语表达、记忆、听力、写作、阅读或数学有关的学习障碍,也可以用这个检查表来识别。还有一些表现与注意力缺陷多动障碍有关,这些问题虽然在技术上不属于 SLD,但我认为它们与阅读障碍密切相关,而且很多时候它们也是阅读障碍的一部分。

本书的目的是帮助这些孩子,即使你的孩子没有勾选这些选项中的大多数,她仍然可能存在一个显著的学习障碍,这也是这一领域的复杂性之一。NCLD 的材料涵盖了更广泛的问题,包括与运动技能、注意力,以及社会和情感因素有关的问题。

同时,请关注以下来自的 NCLD 学习障碍资源和基本信息部主任的评论和建议。

大多数人在学习和行为方面会不时出现问题。在上学期间，家长和教育工作者应警惕儿童和青少年在一段时间内可能出现的一贯（和持续）的困难模式。因为它们可能是潜在学习障碍（LD）的信号。虽然发展过程中会存在一定的变化，但在技能掌握和行为方面的发展不平衡或滞后，即使是四五岁的儿童，也不应该被忽视。而且因为学习障碍可能与其他疾病同时发生，所以对它们进行仔细、完整地记录观察和认识是很重要的，这样在作出有关所需服务和支持的重要决定时，就可以与父母、教育工作者以及相关服务提供者分享这些信息。

需谨记，学习障碍是一个描述异质性（"混合包"）障碍的术语，它会影响到听、说、读、写、推理、数学和社交等技能。请记住：学习障碍是不会自行消失，它不会随着年龄的增长而消失，也不能通过药物、治疗或专家辅导而"治愈"。因此，早期识别、有针对性的筛查和评估、有效的干预以及对进展的持续监测，对于帮助学习障碍者在学校、工作场所和生活中取得成功至关重要。

下面的检查表是用来提供帮助的指南，而不是一个用来确诊特定学习障碍的工具。你勾选的特征越多，孩子就越有可能存在学习障碍的风险（或迹象）。当你在填写本表时，请参考孩子在过去至少6个月内的行为。当你完成后，请尽快向学校老师或其他专业人士寻求帮助。

——谢尔登·H. 霍洛维茨博士

Sheldon H. Horowitz, Ed. D.

美国国家学习障碍中心学习障碍资源和基本信息部主任

学习障碍自查表（领域和行为）

带方框（□）的区域表示某项特征更可能适用于该年龄阶段的表现。请根据特征和对应年龄在方框里进行勾选。

表现	学前阶段	1~4 年级	5~8 年级	高中和成人阶段
大动作与精细动作发展				
经常掉东西、打翻东西或者撞倒东西，显得笨拙不灵活。	□	□		
在要求有良好手眼协调能力的游戏或活动中表现不佳（如钢琴课、棒球运动、篮球运动等）。		□	□	□
在诸如系纽扣和鞋带、扣按扣、拉拉链、钩针编织等活动中表现困难。	□	□		
艺术作品显得不成熟（与同龄儿童相比）。	□	□		
很难在规定的"两行线内"涂色或写字。	□	□		
握笔笨拙，导致书写糟糕。	□	□	□	□
在使用对精细动作要求高的小物件时显得困难（如拼图、积木、镊子、剪刀等）。	□	□		
不喜欢或逃避书写或绘画任务。	□	□	□	□
语言能力				
在学习说话时表现出早期发育迟缓。	□			
声音的调控能力差（例如太大声或太小声）。	□	□	□	□
难以对人物或事物进行命名。	□	□		

241

续表

表现	学前阶段	1~4 年级	5~8 年级	高中和成人阶段
语言能力				
说话时很难集中在同一个话题上。	☐	☐		
在谈话中插入自创词。	☐	☐	☐	
难以复述刚刚听到的话。	☐	☐	☐	
语言表达含糊、不精准，词汇量有限。	☐	☐	☐	☐
语速慢或者说话断断续续，使用过多填充词（例如，嗯……呃……你知道……所以……）。	☐	☐	☐	☐
语法知识差，在交流中误用词语。		☐	☐	☐
经常出现发音错误。	☐	☐	☐	
容易混淆读音相近的词语。		☐	☐	☐
在对话中经常误用近音词，闹出笑话。			☐	☐
语音（例如相同声母、韵母识别）意识薄弱。	☐	☐		
对书本或故事不感兴趣。	☐	☐	☐	
难以理解指令。	☐	☐	☐	☐
难以理解语言中的习语、谚语、幽默表达或双关语。（注：适时考虑地域和文化因素。）		☐	☐	☐
语用能力（用语言交际的能力）落后（例如：无法判断说者与听者关系，说话时难以集中在同一话题，不会推断听者的学识程度，无法根据说话者的言语和非言语线索推断其意图。）		☐	☐	☐
阅读能力				
混淆相似的简单的字或数字。	☐	☐		

续表

表现	学前阶段	1~4 年级	5~8 年级	高中和成人阶段
阅读能力				
在识记高频字上存在困难。		☐		
阅读时经常不知道自己读到哪儿了。		☐	☐	☐
混淆相似的字词。		☐	☐	☐
出现"镜像"书写的情况。		☐	☐	
在识记印刷字上存在困难。	☐	☐	☐	☐
对主旨大意的理解能力弱。			☐	☐
阅读十分吃力。		☐	☐	☐
常见字词命名困难。	☐	☐		
语音意识薄弱，难以理解语音与字词之间的联系或难以组音成词。	☐	☐		
遇到陌生的词，只会瞎猜而不会使用字词分析技能。		☐	☐	☐
阅读速度很慢。		☐	☐	☐
阅读中常出现"错读"或"漏读"现象。		☐	☐	☐
记不住学过的新词。	☐	☐	☐	
不喜欢或逃避阅读。	☐	☐	☐	☐
书写能力				
不喜欢写字或仿写。	☐	☐	☐	☐
学写字或仿写的时候显得困难。	☐	☐		
书写脏乱不整洁，有很多错误或涂抹痕迹。		☐	☐	☐
难以记住字母形状和数字形状。	☐	☐		

续表

表现	学前阶段	1~4 年级	5~8 年级	高中和成人阶段
书写能力				
经常写反数字、字母或符号。	☐	☐		
写字的空间架构安排不合理，并且难以保持在一条直线上。		☐	☐	☐
抄写时候经常出错（混淆相似的数字或字）。		☐	☐	☐
拼写错误或前后不一致（同一个字在同一个书写作品中呈现不同写法）。		☐	☐	☐
在对书写的自我检查和校正方面有困难。		☐	☐	☐
写作时难以列出提纲或组织写作。			☐	☐
在写作中难以发散思路，导致写作太简单或不完整。			☐	☐
难以有组织地表达自己的观点。			☐	☐
注意力				
难以注重细节，或在学习、工作和其他活动中犯粗心的错误。			☐	☐
在任务或活动中难以维持注意。	☐	☐	☐	☐
不能遵从指令，难以完成学业或工作任务。		☐	☐	☐
在组织任务和活动中存在困难。		☐	☐	☐
不喜欢或逃避参与需要投入大量精力的作业或工作任务。		☐	☐	☐
经常丢失重要的学习或工作用品（如作业、书本、笔具或其他物品）。		☐	☐	☐
很容易受外界因素的影响。		☐	☐	☐
在生活中很健忘。		☐	☐	☐

表现	学前阶段	1~4 年级	5~8 年级	高中和成人阶段
数学能力				
在简单的数数、数符号或物品的一一对应上存在困难。	□	□		
数的知识的掌握存在困难（例如不能通过数数来识别数量）。		□	□	□
在学习和记忆基本的加减法准则上存在困难。		□	□	□
在学习策略性计数上存在困难（如2个、5个、10个、100个地数）。		□	□	□
难以对齐数字，导致计算出错。			□	□
估算能力差（如数量或值的估算）。		□	□	□
比较能力差（如比……多、比……少）。		□	□	□
报时能力差。	□	□	□	□
对时间的变化难以形成概念。	□	□	□	□
难以快速数数或速算。	□	□	□	□
学习乘法表、数学公式或规则时存在困难。			□	□
在解读图表时存在困难。			□	□
社交 / 情感				
难以理解其他人的心情或感受（如在不恰当的时候说了不恰当的话）。		□	□	□
无法察觉或合理回应玩笑。		□	□	□
无法加入同伴群体或与其保持积极的社交关系。	□	□	□	□
难以表达情感或感受。			□	

续表

表现	学前阶段	1~4 年级	5~8 年级	高中和成人阶段
社交 / 情感				
难以"开门见山"（在谈话中陷入烦琐细节）。			□	□
在沮丧或挫败时难以自我控制。	□	□		
难以处理群体压力、困境或其他意外的挑战。			□	□	□
难以设立真实的社交目标。			□	□
难以评估自身的社交优势和弱势。			□	□
容易怀疑自己的能力，把成功归因于运气或其他外部因素而非努力。			□	□
其他				
左右不分。		□	□	□
方向感差，对新环境的路况不熟悉，很容易迷路。			□	□
很难判断速度和距离（在玩游戏或开车时）。			□	□
读图表或认地图存在困难。			□	□
组织性不强并不善于计划。			□	□
经常找不着东西。		□	□	□
学习新游戏和掌握拼图方面很慢。		□	□	□
难以边听边记笔记。			□	□
在任务中的表现或状态不稳定。		□	□	□
难以将所学技能应用到不同情境中。		□	□	□

*此自查表由陕西师范大学赵微教授团队译

中文阅读能力自查问卷

儿童姓名：　　　　　性别：　　　　　年龄：　　　　　年级：

是否一直在国内读书：　　　　　　　居住省市：

语文成绩：　　　　　数学成绩：

是否有其他疾病（多动、抽动、孤独症等）：

是否正在用药：　　　　　（若是，填写药物名称／每日剂量）

智力分数：　　　　　（标明是哪个智力测试）

请根据该儿童近半年表现，选择符合的情况，并把对应的分数圈出来。

孩子的表现	无	偶尔	常常	总是
学过的字和词反复学习还是会出错，尤其是在听写或默写的时候。	1	2	3	4
阅读吃力，经常读错发音或字形相似的字。比如 [15] 错认／读成 [51]。	1	2	3	4
朗读不流畅，容易读错行或者漏读一两个字。	1	2	3	4
看图作文写得比其他孩子差。	1	2	3	4
书写时容易错字、漏字或者加减笔画，字体不工整，逃避书写。	1	2	3	4
抄写慢，需要看一笔写一笔，用时长。	1	2	3	4
喜欢听别人讲故事，不喜欢自己读。	1	2	3	4
经常遇到的字有时也读不出来。	1	2	3	4
读书慢，朗读时因不懂读字而常常停顿。	1	2	3	4
听写时，经常写成发音或字形相似的字。	1	2	3	4

* 本检查表由北京大学第六医院王久菊医生提供

如果孩子的得分，总分大于 30 分，或者平均分大于 3 分，请尽早带孩子前往专业机构，进行进一步的测试和评估。

给中国家长、教师的资源清单

研究机构

北京师范大学认知神经科学与学习 国家重点实验室	舒华、刘丽
北京师范大学心理学部	李虹
北京大学心理学系	孟祥芝
中国科学院心理研究所	毕鸿燕
陕西师范大学教育学部	赵微
首都师范大学心理学院	赵婧
深圳大学学习差异研究中心	詹勇、董理
北京联合大学特殊教育学院特教系	张旭

医疗机构

北京大学第六医院	王久菊

教育教研部门

陕西师范大学附属实验小学学习支持中心	罗坤、李军
北京西城区教育学院融合教育中心	王玉玲

干预机构

心阅未来（康翠萍博士）

卫宁阅读障碍中心

刘氏视听动（刘骋博士）

社会组织与慈善机构

飞米力

深圳市学习困难关爱协会（学爱会）

深圳市贝石公益基金会

广州图书馆"易读空间"

影视作品

纪录片《我不是笨小孩》，李瑞华、樊启鹏导演，2019

《地球上的星星》[印度] 阿米尔·汗导演，2007

图书

[1] 孟祥芝. 走出迷宫：认识发展性阅读障碍 [M]. 北京：北京大学出版社，2018.

[2] 萨利·施威茨. 聪明的笨小孩：如何帮助孩子克服阅读障碍 [M]. 刘丽，康翠萍，译. 北京：北京师范大学出版社，2019.

[3] 布罗克·艾德，费尔内特·艾德. 隐形的天才：如何教育有读写困难的孩子 [M]. 蒋麦畦，等译. 成都：四川人民出版社，2020.

[4] 郑枫. 奇妙之境 [M]. 深圳：海天出版社，2022.

[5] 品川裕香.我没偷懒！：读写记忆困难儿童案例 [M].李佳星，译.北京：新星出版社，2019.

[6] 赵微，李文玲.小学审辩阅读教学系列丛书（全四册）[M].北京：中国纺织出版社有限公司，2023.

[7] 北京市西城区融合教育中心学习特殊需要教研组.与众不同的学生：学习障碍等特殊需要学生的评量与干预案例精选 [M].北京：北京师范大学出版社，2022.

[8] 康翠萍.康博士的阅读课.北京：中国纺织出版社有限公司，2022.

[9] 玛丽安娜·沃尔夫.布鲁斯特与乌贼：阅读如何改变我们的思维 [M].北京：中国人民大学出版社，2012.

[10] 斯坦尼斯拉斯·迪昂.阅读与脑：破解人类阅读之谜 [M].周加仙，译.杭州：浙江教育出版社，2018.

[11] 丹尼尔·T.威林厄姆.心智与阅读 [M].梁海燕，译.杭州：浙江教育出版社，2020.

[12] 樊启鹏，李瑞华.我们都是笨小孩：《我不是笨小孩》访谈录（待出版）[M].北京：中国纺织出版社有限公司，2023.

[13] 王玉玲.遇见阅读障碍——教师和家长怎么做（待出版）[M].北京：北京师范大学出版社，2023.

[14] 菲利普·舒尔茨.诗意人生：我和我的阅读障碍（待出版）[M].北京：中国纺织出版社有限公司.

附录 4

各优势领域中的著名阅读障碍人士

语言能力出众的名人

乌比·戈德堡（Whoopi Goldberg），奥斯卡影后，《观点》联合主持人

安德森·库珀（Anderson Cooper），CNN《安德森·库珀360度》节目主持人

凯拉·奈特莉（Keira Knightley），女演员

大卫·博伊斯（David Boies），律师

社交能力出众的名人

阿里·伊曼纽尔（Ari Emanuel），奋进集团首席执行官

丹·马洛伊（Dan Malloy），美国康涅狄格州州长

艾琳·布罗克维奇（Erin Brockovich），社区倡导者

汤姆·基恩（Tom Kean），美国新泽西州前州长

叙事能力出众的名人

安妮·赖斯（Anne Rice），《夜访吸血鬼》（*Interview with the Vampire*）作者

约翰·欧文（John Irving），《苹果酒屋规则》（*The Cider House Rules*）和《盖普眼中的世界》（*The World According to Garp*）的作者

史蒂文·斯皮尔伯格（Steven Spielberg），电影导演，奥斯卡奖得主

史蒂芬·J. 坎内尔（Stephen J. Cannell），《天龙特工队》（*The A-Team*）、《龙虎少年队》（*21 Jump Street*）、《洛克福德档案》（*The Rockford Files*）的编剧、制片人

空间思考能力出众的名人

迪安·卡门（Dean Kamen），赛格威电动平衡车的发明人

史蒂夫·沃克（Steve Walker），新英格兰木屑颗粒（New England Wood Pellet）创始人

威拉德·维根（Willard Wigan），微雕师

比阿特丽斯·安布拉德（Béatrice Amblard），前爱马仕工匠

动觉能力出众的名人

埃尔文·约翰逊（Earvin Johnson），NBA 球星，企业家

约翰·杨·斯图尔特爵士（Sir John Young "Jackie" Stewart），一级方程式赛车手

史蒂夫·雷德格雷夫（Steve Redgrave），奥运赛艇选手

达西·安德莉亚·巴塞尔（Darcey Andrea Bussell），大英帝国勋章获得者，舞蹈家，皇家舞蹈学院主席

视觉能力出众的名人

查克·克洛斯（Chuck Close），画家，美国国家艺术奖章获得者

罗伯特·劳申伯格（Robert Rauschenberg），画家，美国国家艺术奖章获得者

理查德·罗杰斯（Richard Rogers），建筑师

P. 巴克利·莫斯（P. Buckley Moss），画家

著名数学家 / 科学家

卡罗尔·格雷德（Carol Greider），微生物学家，诺贝尔奖得主

黛安·斯旺克（Diane Swonk），经济学家

马特·施内普斯（Matt Schneps），哈佛天体物理学家

尼古拉斯·尼葛洛庞蒂（Nicholas Negroponte），麻省理工学院媒体实验室创办人

著名音乐明星

雪儿（Cher），歌手，演员，奥斯卡奖得主

诺尔·加拉格（Noel Gallagher），前绿洲乐队主唱

哈里·贝拉方特（Harry Belafonte），歌手，演员

南茜·格里菲思（Nanci Griffith），歌手，词曲作者

译者后记

　　本书翻译能够顺利完稿，实为多位译者通力合作的结果，在此必须作出感谢！

　　本书的翻译工作由飞米力阅读障碍社群召集和发起，凝结了飞米力多位志愿者的心血，故封面译者署名为飞米力。这本书的翻译费也将纳入飞米力公益基金，日后这笔钱会花在与阅读障碍相关的公益项目上。

　　在飞米力的翻译小团队中，王羽、晨艳、胡云佳、司楠、毛蕾、高泉、刘晓红负责了初稿的翻译。初稿后，王羽、晨艳、高雅、俞秀凯和郑枫又做了多次的修改和润色工作。

　　此外，郑枫和刘颖承担了翻译小组的统筹安排工作，本书的翻译能够如期完成，也离不开她们的辛苦付出。

内 容 提 要

这是一本开创性的书，当其他书告诉你什么是阅读障碍时，这本书告诉你应该如何做，如何帮助他们。阅读障碍——一种基于大脑的基因异常，会使解码文字和阅读变得困难。这本书告诉我们尽管阅读障碍儿童可能在阅读上存在困难，他们的学习能力却没有任何问题。相反他们先天的优势技能，包括语言、社交、空间、动觉、视觉、数学、音乐能力等，是他们获取知识的关键。找出他们的个人优势，并利用这些技能为他们的学习和人生超越找到一个出口。通过专注于学习，而不是专注于标准方式的阅读，就可以培养阅读障碍孩子的自信心，使其在课堂内外都能茁壮成长。

图书在版编目（CIP）数据

请爱我本来的样子：阅读障碍儿童优势赋能计划 /（美）本·福斯（Ben Foss）著；飞米力译 . -- 北京：中国纺织出版社有限公司，2023.9（2024.4 重印）

（心阅乐读）

书名原文：The dyslexia empowerment plan: a blueprint for renewing your child's confidence and love of learning

ISBN 978-7-5229-0245-6

Ⅰ. ①请… Ⅱ. ①本… ②飞… Ⅲ. ①儿童– 阅读–学习障碍—研究 Ⅳ. ①G442

中国国家版本馆CIP 数据核字（2023）第013228 号

责任编辑：关雪菁　王　羽　　　责任校对：高　涵
责任印制：王艳丽

中国纺织出版社有限公司出版发行
地址：北京市朝阳区百子湾东里 A407 号楼　邮政编码：100124
销售电话：010—67004422　传真：010—87155801
http://www.c-textilep.com
中国纺织出版社天猫旗舰店
官方微博 http://weibo.com/2119887771
北京华联印刷有限公司印刷　各地新华书店经销
2023 年 9 月第 1 版　2024 年 4 月第 2 次印刷
开本：787×1092　1/16　印张：17.5
字数：188 千字　定价：78.00 元